亲子冲突

父母如何正确处理亲子之间的冲突和矛盾

慧 海 —— 著

民主与建设出版社

·北京·

图书在版编目（CIP）数据

亲子冲突：父母如何正确处理亲子之间的冲突和矛

盾 / 慧海著. -- 北京：民主与建设出版社，2020.11

ISBN 978-7-5139-3279-0

Ⅰ.①亲… Ⅱ.①慧… Ⅲ.①亲子教育 Ⅳ.
①G781

中国版本图书馆 CIP 数据核字（2020）第 208930 号

亲子冲突：父母如何正确处理亲子之间的冲突和矛盾
QINZI CHONGTU FUMU RUHE ZHENGQUE CHULI QINZI ZHIJIAN DE CHONGTU HE MAODUN

著　　者	慧　海
责任编辑	周佩芳
封面设计	回归线视觉传达
出版发行	民主与建设出版社有限责任公司
电　　话	（010）59417747　59419778
社　　址	北京市海淀区西三环中路10号望海楼E座7层
邮　　编	100142
印　　刷	三河市长城印刷有限公司
版　　次	2021年1月第1版
印　　次	2021年1月第1次印刷
开　　本	710mm×1000mm　1/16
印　　张	13.5
字　　数	220千字
书　　号	ISBN 978-7-5139-3279-0
定　　价	48.00元

注：如有印、装质量问题，请与出版社联系。

前　言

在家庭生活中，每当与孩子发生矛盾和冲突的时候，父母很容易处于失控状态，孩子也会歇斯底里，这使得原本幸福和睦的家庭瞬间变得鸡飞狗跳。在一些家庭里，如果有老人负责帮忙带养孩子，那么就会出现三代人混战的局面。显而易见，这样的局面是每个父母都不想看到的，那么就从现在开始试着改变这种状况吧！

专家研究发现，当父母独断专行，对孩子颐指气使的时候，孩子就会养成畏缩胆怯的习惯，他们会失去信心，甚至在升入初中、高中阶段之后仍然迷失方向，在遇到困难的时候，除了向父母求助之外，他们想不出其他的好办法。但如果父母在家庭生活中能为孩子营造民主和谐的家庭氛围，发自内心地尊重和平等对待孩子，遇到事情能征求并积极采纳孩子的意见，那么孩子的内心就会越来越强大，整个人也会变得越来越自信和快乐。有朝一日，即使父母老去，他们也可以主宰自己的人生。这是因为在此之前，他们已经在父母的帮助和指导下做出了选择，这些选择构成了他们成功的人生，让他们感到充实而又满足。

由此可以看出，家庭环境对孩子的影响很大，而家庭环境又是由父母决定的。父母如何对待孩子，会影响孩子的一生，所以父母不要觉得孩子出生后自己就可以自然地升级为父母，也能够当好父母。要知道，和升级为父母相比，当好父母显然更难。要想成为优秀的父母，更需要拥有和孩子相处的智慧，从而能够与孩子顺畅沟通，让家庭教育在此基础上得以实施，为孩子的人生助力。

时代正处于快速地发展中，社会上的万事万物都在发生日新月异的变化。作为父母，如果我们坚持以传统的方法来教育孩子，那么只会让孩子心生抵触。实际上，随着孩子不断成长，做父母的也应该与时俱进，学习更新的教育观念，掌握更新的教育方法，这样才能在教育孩子时达到最好的效果。除了要使自己保持进步之外，父母还要以发展的眼光看待孩子，不要总是认为孩子还小。实际上，在不知不觉间，当孩子升入初中、高中、甚至大学阶段，他们不再是襁褓中的婴儿，也不再需要父母无微不至的照顾，而是成为渴望独立的少年，成为对人生有理想、有憧憬的人。他们每时每刻都在渴望独立，都想要摆脱父母的羽翼，希望走向属于自己的广阔天地。正是因为如此，孩子与父母之间的矛盾冲突才会更加集中和尖锐。

尤其是在进入初中之后，孩子就会变得非常叛逆，他们不愿意凡事都听从父母的安排，而是有了更多自己的想法和主见。随着孩子渐渐成长，父母更要调整好心态，在孩子的生命中扮演适宜的角色。

总而言之，在家庭生活中，父母与孩子之间的矛盾和冲突不可避免。如何解决这个矛盾和冲突，将决定父母和孩子拥有怎样的生活。父母和孩子一定要采取有效的方式进行沟通，也要以积极的态度解决相处过程中出现的各种难题，这样才能让家庭和睦，让孩子健康快乐地成长。

目 录

第一章

在以控制为主的世界里，
冲突不可避免

　　很多父母之所以会和孩子发生各种各样的冲突，是因为他们总在控制孩子。孩子在婴幼儿阶段，对父母言听计从，随着他们一天天长大，父母的思维却还停留在孩子幼小的时候，并没有跟上孩子成长的脚步。面对着渴望独立、想要自主的孩子，父母的控制欲望变得越来越强烈，而孩子的反抗也更加激烈，这样，亲子冲突也就自然而然地发生了。

孩子从来不是父母的私有物

　　乐乐正在读初一，他的个头长得比爸爸还高。但是在妈妈心中，乐乐始终是个可爱的小孩子。每天早晨，妈妈都会为乐乐做好早饭，还会特意加一个煮鸡蛋。有的时候，乐乐不想吃鸡蛋，但是妈妈却很坚持。妈妈对乐乐说："早晨需要营养，吃鸡蛋还更耐饿，能够保证你一上午能量充足，投入学习。"乐乐对此不以为然，说："学校里每天中午都三菜一汤，至少有两个荤菜，我的营养全面着呢，根本不需要额外补充！"然而，妈妈根本不搭理乐乐，依然每天早晨都为乐乐准备一个煮鸡蛋。其实乐乐更喜欢吃煎鸡蛋，撒上辣椒面和孜然粉，但是妈妈认为煎鸡蛋有太多的油，不健康，所以妈妈坚持让乐乐吃煮鸡蛋。

　　有一天早晨，妈妈做了乐乐最不喜欢吃的白粥，还给乐乐准备了两个煮鸡蛋。乐乐终于爆发了，冲着妈妈吼道："我不吃了！我宁愿饿着肚子去上学，也不想吃煮鸡蛋，我都快吃吐了！"妈妈很生气，对乐乐喊道："你这个白眼狼，真是狗咬吕洞宾——不识好人心，有多少孩子想吃鸡蛋还没有呢！我每天辛辛苦苦地给你做饭，你还抱怨，不领情！"爸爸被妈妈和乐乐的争吵声弄醒了。爸爸很纳闷：这母子俩为什么大早上的就吵架呢？

乐乐气呼呼地去上学了，一口饭都没有吃，妈妈气得坐在沙发上暗自掉眼泪。爸爸小心翼翼地询问妈妈，这才知道妈妈与乐乐之间发生的争吵是因为煮鸡蛋引起的。爸爸对妈妈说："孩子长大了，有自己的饮食喜好，其实不吃鸡蛋也可以吃其他东西呀，你为何非要强迫他吃煮鸡蛋呢？最近这段时间，他每天都吃煮鸡蛋，肯定吃腻了，不如换别的东西给乐乐吃吧。"妈妈对爸爸一番抢白："好啊，那以后就由你起床为乐乐做早饭吧，我还能睡个懒觉呢！"爸爸一声不吭，赶紧去洗漱，把妈妈煮的鸡蛋吃了后就去上班了。爸爸走了之后，妈妈有些懊悔：孩子爸爸也是好心，想要劝说我不要和乐乐较劲，我对他急赤白脸的，幸好孩子爸爸是个好脾气，没和我吵架。

后来，妈妈不再给乐乐做煮鸡蛋，而是改成煎鸡蛋。有的时候，她也会给乐乐做虾仁面，补充优质蛋白，这样就不用吃鸡蛋了。不再吃煮鸡蛋的乐乐非常快乐，每天早晨都心情愉悦地吃早餐，再也没有和妈妈吵架。

看到这样的情形，很多父母是否都觉得非常熟悉呢？在一些家庭里，父母常常因为一些鸡毛蒜皮的小事情和孩子发生尖锐的冲突，这是因为父母和孩子都寸步不让，都想捍卫自己的权利。尤其是作为父母，已经习惯了安排好孩子的衣食住行和吃喝拉撒，所以当发现孩子有了主见，不愿意再接受父母的安排之后，父母就感到自己的权威受到了挑战。实际上，要想避免这种情况发生，父母首先要调整好自己的心态。要知道，对于读初一的孩子而言，他是有权利选择自己早上吃什么的。父母为孩子做早饭虽然很辛苦，但也要尊重孩子的意见，不要强求孩子必须吃什么。

很多父母都不能分清楚自己和孩子之间的界限，他们觉得自己为孩子付出了很多的时间、财力和物力，将孩子抚养长大，因而就认为自己理所当然可以掌控孩子的一切。实际上，这样的想法是完全错误的。虽然孩子是因为父母才能降临人世，也要靠着父母的悉心照顾才能健康成长，但是他们并不是父母的私有物，也不是父母的附属品。明智的父母会把孩子看成独立的生命个体，发自内心地尊重和平等地对待孩子，这样才能与日渐长大的孩子建立良好的亲子关系。

孩子从两岁开始，自我意识就已经开始萌芽，所以父母要跟随孩子成长的脚步，不断地调整教育的方式方法，理性地对待孩子。有些父母总是强求孩子凡事都要听从自己，那么试问，父母养育孩子的目的是什么呢？是希望孩子永远成为父母的应声虫，或者是父母的傀儡，还是希望孩子能够独立自主，将来拥有属于自己的精彩人生呢？相信每一个父母都会选择后者。因此我们不但要在思想上达到这样的高度，更要在行为上坚持这么去做。当父母能够放下高高在上的姿态，平等地对待孩子，这时就会发现像刺猬一样的孩子瞬间会变得柔软，也不会再对父母怀有抵触心理。

父母与孩子能够成为一家人，但这并不意味着父母可以代替孩子去做决定，也不意味着父母可以安排孩子的一切。正如台湾作家龙应台所说的，所谓父母子女一场，就是父母看着孩子的背影渐行渐远。也许父母在看着孩子渐渐地走向独立时，心里面会感到有些失落，但这不正是作为父母所盼望看到的吗？每一个孩子终究会走上自己的人生道路，随着他们升入初中、高中、直到大学毕业，他们最终也将拥有属于自己的人生，父母要做的是送孩子一程，力所能及地为孩子铺垫更高的起点，而不是把孩子捆绑在自己身边，让孩子对自己言听计从，完全失去选择自己人生的权利。

给孩子适度的自由

初一暑假，乐乐一直在跟妈妈商量一件事情。他不想再让爸爸接送他，而是想要自己骑自行车。但妈妈担心路上汽车很多，骑自行车不安全，所以一直没有答应乐乐的请求。眼看着暑假已经过半，距离开学的日子越来越近，乐乐着急地请求妈妈给他买自行车。

对于乐乐买自行车这件事情，爸爸是表示赞同的。每当妈妈表示担忧的时候，爸爸就会说："孩子长大了，他能够骑车了，而且他自己也会注意安全，你不要这么焦虑。"但妈妈对爸爸的话不以为然，总是以安全为由拒绝乐乐的请求。

一天，乐乐又苦苦地哀求妈妈，但还是没有得到妈妈的同意，便忍不住和妈妈爆发了争吵。乐乐问妈妈："我都已经13岁了，难道还不能自己骑自行车吗？"妈妈说："你当然可以骑自行车，但不应该是在上学和放学的时候，因为上学和放学的时候你会很着急，我是在担心你的安全问题。"乐乐说："你可以去问爸爸，我骑自行车骑得很好，在小学的时候我就和爸爸一起骑自行车去逛街。我一定会注意安全的。"爸爸也当即为乐乐帮腔，对妈妈点点头说："他的确骑得比较稳当。"妈妈还是沉默不语，乐乐不满地说："班级里，有好几个同学都自己骑自行车上学，我为什么不能骑呢？"听到乐乐的话明显带着埋怨，妈妈想了想，问乐乐说："你能够一直坚持骑自行车上学吗？还是只是3分钟热度？爸爸送你只需要10分钟就能到学校，但是你骑自行车至少得需要25分钟才能到学校，所以你至少要提前20分钟出门，这样路上的时间才相对宽裕。你愿意每天少睡20分钟吗？"乐乐对妈妈的提问频频点头，说："这些事情我都会做到的。"妈妈又问："骑自行车放学，不能和同学在一起玩，而是要尽快回家写作业。你以前经常不接电话，如果骑自行车，必须保持手机畅通，随时能够接通电话。尤其是在没有按时到家的情况下，你要主动打电话汇报你的行踪，你能做到吗？"乐乐也毫不迟疑地答应了。接下来，妈妈似乎没有可担忧的事情了，只好勉强同意了乐乐的请求。

乐乐高兴极了，当即在网上选购自行车。几天之后，自行车邮寄到家，乐乐和爸爸一起把自行车组装起来。组装完之后，他连午饭都没吃，就直接骑着自行车去遛弯儿了。看到乐乐对自行车这么充满热情，妈妈撇了撇嘴对爸爸说："要是我不答应给他买自行车，他还不知道要耍出什么花招，又要缠着我多长时间呢。"爸爸淡然地说："孩子这么大了，骑自行车也是可以的，还能锻炼身体呢！"在爸爸的安抚下，妈妈的心终于踏实下来，由于乐乐自己骑自行车上学放学，爸爸早晨也不用那么忙碌早起送乐乐了。

有些父母已经形成了思维定式，那就是不管孩子要做什么事情，他们先不思考孩子提出的要求是否合理，而是第一时间下意识地拒绝孩子的请求。这是为什么呢？究其原因，是父母不信任孩子，他们打心底里怀疑孩子自立的能力，所以不愿意给孩子自由，生怕孩子会发生危险。可是孩子不是一出生就会做很多事情的，而是要在成长的过程中坚持去练习，不断地积累经验，才能把一些事情从做得不好到做得越来越好，这对孩子而言是非常宝贵的成长经历。

作为父母，也许在孩子小时候要亦步亦趋地看护着孩子，甚至连眼睛都不眨地盯着孩子，觉得只有这样才能保护好孩子，保证孩子的安全。但是随着孩子一天天长大，他们的活动范围越来越大，接触的人和经历的事情也越来越多，父母要认识到孩子成长的特点，从而准确地把握孩子的心理需求和情感需求，给予孩子适度的自由。

在有些家庭里，父母总是一副高高在上的样子，享有至高无上的权威。他们习惯了对孩子发号施令，习惯了掌控孩子的所有事情，这往往会使孩子感觉压抑，家对于他们而言不是一个温暖有爱的地方，而是如同囚牢。当自己的家给他们这样的感受，孩子当然也就不愿意回家，更不想面对父母了。

其实，给孩子适度的自由可以体现在很多方面，例如在生活中面对一些选择的时候，可以给孩子提供更多的选项，或者在决定一些与孩子相关的事情时，父母不要代替孩子去做决定，而是要让孩子自主决定。为了让孩子能够更加明智地进行思考，更加理性地做出抉择，父母可以帮助孩子分析不同选项的利弊，让孩子在独立思考之后再做出选择，这对孩子而言将是很重要的成长经历。有人说，人生就是由一个个选择组成的。如果孩子不会做选择，那么将来他要如何面对自己的人生呢？

　　给孩子适度的自由，这意味着父母要对孩子放手。孩子小时候总是喜欢跑来跑去，每当出门的时候父母就会紧紧地拉着孩子的手，不让孩子离开自己身边半步。但是这只能对年幼的孩子起作用，对于升入初中、高中的孩子而言父母还这样约束着他们，他们一定会觉得难以接受。常言道，哪里有压迫，哪里就有反抗。虽然父母并没有去压迫孩子，但是父母束缚了孩子，也会给孩子带来压迫感，这就有可能引起孩子做出激烈的抗拒行为。有些孩子为了争取自由，甚至做出一些极端的举动，让父母感到非常懊悔。其实，真正的好孩子都不是靠着严格管教出来的，而是在自由的环境中激发出内部的驱动力，培养自我管理的能力，最终成为自我的主宰，轻松地驾驭自己的学习和生活。

　　如果父母总是不相信孩子，非要把孩子捆绑在自己身边，什么事情都不让孩子去尝试，那么孩子就会出现成长滞后的情况。俗话说，不经历无以成经验。对于孩子而言，他们哪怕是撞得头破血流，也是需要他们自己去亲身经历的，没有任何人能够取代。但现实中偏偏有太多的父母都想把自己的人生经验直接灌输给孩子，让孩子从自己的人生经验中得到教训，这又怎么可能呢？每个人的成长都要经历一定的过程，不可能省略任何的成长阶段，对于孩子而言也同样如此。父母要陪伴孩子的成长过程，也要接纳孩子的成长方式。不可否认，有些事情，父母必须要禁止孩子去做；而有些事情，父母则应该放手让孩子去大胆尝试。至于这中间的尺度如何去把握，父母要根据孩子成长的具体情况进行权衡。

　　孩子的成长需要内部驱动力。这种内部驱动力是发自孩子内心的，会产生更为持续的效果。与内部驱动力相对应的是外部驱动力。外部驱动力来自外部，产生的效果比较短暂。父母不要仅仅依靠外部驱动力来管教孩子，而是要在教育孩子的过程中，借助于各种机会来激发孩子的内部驱动力，提高孩子自我管理能力，这样孩子才能顺利度过初中、高中、甚至大学阶段。在面对人生中各种突然的变故时，只有得到历练的孩子，才能从容应对。

正如意大利著名的教育家蒙台梭利所说，爱和自由是父母给孩子最好的礼物。父母要真正的爱孩子，就要为孩子的长远考虑，而不是只盯着孩子眼前的一粥一饭。只有给孩子适度的自由，让孩子在自由的环境中学会管理自己，学会控制自己，孩子的内心才会更强大，才能在成长的道路上走得更快、更好、更稳。

教育孩子需要与配偶达成共识

晚上十点钟，乐乐还没有睡觉，妈妈忍不住生气地提醒乐乐："不是说好了十点关灯的吗？现在已经十点了，你为什么还坐在这里？你在干什么呢？"乐乐抬起头对妈妈说："我马上就写完作业了，还有一道题。"在此之前，妈妈已经和乐乐约定，放学回家吃完饭，马上就要开始写作业。但是今天吃完饭之后，乐乐看了半个小时的课外书，所以才会导致直到十点也没有完成作业。为了给乐乐一个教训，妈妈不由分说地关了灯，对乐乐说："现在，立刻，马上，上床睡觉。至于没写完的作业，明天你就准备好接受老师的批评吧！这就是教训。你以后放学回家不要先看课外书，而要先写作业。因为你把课外书放到最后看，随时都可以关灯睡觉，而你把作业放在最后，写不完作业，你就必须承担后果。"说完，妈妈就离开了。

看到妈妈气鼓鼓地回到卧室，爸爸不明所以，问妈妈："乐乐睡觉了吗？"妈妈没好气地说："没睡，和你一样，喜欢拖延。明明说好了十点关灯睡觉，到现在还没有写完作业呢。"爸爸无辜躺枪，也没有生气，耐心地对妈妈说："其实，就算十点没有关灯睡觉也没关系，孩子现在已经上初一了，我觉得十点半之前睡觉都属于正常的。"妈妈听后马上柳眉倒竖，呵斥爸爸："你这个人怎么回事，平日里从来不管孩子，一旦逮着机会就和我唱反调。你喜欢管孩子，以后就由你来管教吧！"这么说着，妈妈的声音忍不住提高了八度。

这个时候，乐乐突然跑过来喊道："我觉得爸爸说的对。我都上初中了，怎么能十点就睡觉呢？怎么着也得十点半呀！我们班还有很多同学都是十一点才睡觉的！"听到乐乐的话，妈妈狠狠地瞪了爸爸一眼，爸爸赶紧对乐乐说："乐乐，你跟妈妈说好了十点关灯睡觉，说到就要做到，否则可不是男子汉的作为呀。"但是乐乐明显不着急，他慢吞吞地写完剩下的作业，又去洗漱，直到十点半还没熄灯睡觉。直到在爸爸的催促下，他才关了灯休息。

在这个事例中，乐乐原本和妈妈约定十点钟关灯睡觉，却食言了。其实，乐乐听到妈妈的催促是有些心虚的，所以对于妈妈的批评，他没有反驳。但是在听到爸爸说也可以十点半睡觉之后，乐乐的态度明显发生了一百八十度的大转弯。他觉得自己有了支持者，因而抗拒妈妈也就有了底气。实际上，爸爸说的也有道理，毕竟对于初一的孩子而言，不可能像小学阶段那样每天晚上九点多钟就睡觉。初中的课程是非常重的，孩子十点半睡觉也属于正常，但是爸爸犯了一个非常严重的错误，那就是不应该当着乐乐的面说妈妈要求乐乐十点睡觉太早了。孩子是很会钻空子的，尤其是初一的孩子，他们已经学会察言观色，也具有很强的理解能力，最重要的是他们的智商大大提升，所以很容易找到父母对自己教育上的漏洞。在教育孩子的时候，父母即使不能达成统一战线，也不要当着孩子的面发生争执，说出分歧，否则对孩子教育的效果就会大打折扣。

在家庭教育中，如果父母对教育孩子方面没有达成共识，那么要先针对教育孩子的某一个问题进行沟通。父母可以选择孩子不在家的时候，进行深入的讨论，直到能够意见统一。当着孩子的面，父母一定不要进行这样的讨论。父母只有达成统一战线，给孩子一致的观点，这样才能让孩子知道自己该听父母的话，努力争取做到更好。反之，如果父母各说各的道理，那么孩子即使想听某一个人的话，也会无从选择。父母就像是孩子的两个领导，孩子就像是父母的下属，如果领导之间发生了分歧，下属就会夹在中间左右为难，可想而知有多么张皇失措。如果下属别有用心，还会利用领导之间的矛盾趁机挑拨离间呢。所以，父母可不要给孩子这样的机会呀！

家庭是社会上最小的单位。虽然只有几个人，但是家庭成员却并不简单，这是因为，作为顶梁柱的爸爸妈妈分别来自不同的家庭，各自从小在不同的家庭氛围中成长，也接受着不同的家庭文化的熏陶，长大后的他们又接受了不同的教育，有了不同的人生经历，这一切都使爸爸妈妈成为截然不同的两个个体，但是他们却因为爱而走在一起，勇敢地为孩子支撑起一片天地。从某种意义上来说，父母不仅是灵魂的伴侣，也是一个团队。对于孩子而言，拥有幸福稳定的家庭就是最大的幸运。如果生活在不和谐的家庭里，父母之间总是发生争吵，彼此抱怨，没有爱情，那么对孩子而言就是一场噩梦。

要想教育好孩子，父母在家庭生活中就必须达成一致，形成共识。父母作为教育孩了的主要执行者，如果彼此之间都不能形成共同的观念，那么他们在教育孩子过程中就会产生分歧。如此一来，就会让孩子感到迷茫和困惑。有些孩子还非常狡黠，他们很善于钻父母的空子，当发现父母之间意见分歧的时候，他们会借助这个机会让自己逃避很多责任，这种情况当然是父母不愿意看到的。

在很多家庭里，父母常常会分工明确，尤其是在教育孩子的问题上，他们一个唱红脸，一个唱黑脸。很多父母觉得这样的做法很高明，既可以教育孩子，也有人来安抚孩子。实际上，这样的教育方式是完全错误的。这么做的父母明显低估了孩子的智商。其实，对于小学中高年级和初高中的孩子来说，他们很容易看透父母的心思。所以，父母在教育孩子的时候，要本着真诚的原则，坦率地对待孩子，不要合起伙来演一出戏给孩子看。因为一旦被孩子识破，再次演戏的时候，非但不会起到预期的效果，还会导致事与愿违。

对于父母而言，在遇到教育上的重大问题时，也可以邀请孩子参与并提出意见，毕竟孩子是教育的对象。除了遇到教育问题让孩子发表意见，当家庭生活中发生一些问题时，父母也可以让孩子发表意见，这会让孩子觉得自己受到了父母的尊重，得到了父母的平等对待。而且，对于自己和父母一起商讨出来的很多决定，孩子会更愿意去执行，也愿意主动地完成。所以看起来商量的过程是非常麻烦的，每个人各抒己见，需要经过反复的沟通才能达成一致，但实际上一旦商量出结果来，后续的执行就会水到渠成。

总而言之，统一的家庭教育观念才是最有利于孩子健康成长的，父母对家庭教育的观念不管是否有分歧，都要想办法达成一致，而不是当着孩子的面争吵讨论。虽然父母来自不同的家庭，有不同的人生经历，但是孩子是父母共同所有的，所以本着为孩子负责的态度，当父母在教育上有不同意见时，一定要耐心地沟通，细致地商讨，这样才是真心为孩子好的表现。

爸爸爱妈妈，孩子更幸福

晨晨是初二年级的一名普通学生。最近他在学习上的表现特别不好，上课的时候总是三心二意，不知道在想些什么。有好几次，老师让他起来回答问题，他都不知道老师提的是什么问题，更不知道如何回答。每天回到家里写作业，他也是敷衍潦草，只用很短的时间就草草地把作业写完了，数学题的错误率很高，语文作业也是写得非常凌乱。看到原本在班级里学习成绩处于中上等水平的晨晨快速滑落到中下等的水平，老师非常担心，为此专门打电话联系了晨晨妈妈。老师对晨晨妈妈说："最近，晨晨在学习上的波动很大，我想问问你们知道是什么原因吗？"晨晨妈妈听后沉思良久才说："也许是因为最近我和晨晨爸爸要离婚，所以他才不能集中精神学习。"听到晨晨妈妈的回答，老师不由得叹息道："班级里有好几个孩子的父母都离婚了，他们的学习成绩都有不同程度的下滑。我倒是建议你们，只要没有不可调和的矛盾，就尽量给孩子一个安定的家。"老师和妈妈沟通了很长时间，才知道是晨晨爸爸对妈妈不太满意，觉得晨晨妈妈一直在家里当家庭主妇，已经与社会脱轨，还嫌弃晨晨妈妈是个不折不扣的黄脸婆，所以才坚持要求离婚。得知这个原因，老师决定做一下晨晨爸爸的工作，并且建议晨晨妈妈从现在开始努力做一个独立的女性。

　　老师把晨晨爸爸约到学校，询问了晨晨爸爸对晨晨的学习情况是否了解，但是晨晨爸爸已经从家里搬出去一段时间了，所以对老师的提问，他一问三不知，根本不知道如何回答。和老师聊了一段时间之后，晨晨爸爸才说出了他要和晨晨妈妈离婚的事情，也表示对晨晨非常愧疚。老师对晨晨爸爸说："其实，在家庭教育中，最好的老师就是爸爸爱妈妈。只有爸爸爱妈妈，孩子才能感到幸福。虽然现在的孩子不缺吃不缺穿，物质上的要求基本没有问题，但是当孩子面临家庭解体的时候，对于孩子来说，他们往往无法承受这样的打击。所以我们要更加理性，切勿因为冲动而做出后悔的事情。你也知道，现在孩子放学时间都很早，如果家里没有专门的人负责接送孩子，孩子放学之后就没有地方可去。虽然您在外面打拼很辛苦，但是晨晨妈妈在家里做家务，照顾孩子，也是很辛苦的。我也是女性，我知道女性照顾家庭有多么辛苦。毕竟为了带晨晨，她已经有十年没有出去工作了，您也要理解她的付出，也要知道她为了家庭牺牲的是什么。父母真心为了孩子好，就要给孩子一个安稳的家。"在老师的一番开导下，晨晨爸爸终于意识到，晨晨妈妈为了这个家在十年的时间里做出了多么大的牺牲，他不由得感到后悔，对老师说："老师，您不但是晨晨的老师，也是我的老师。您今天的这番话让我如同醍醐灌顶，我想我知道应该怎么做了。"

　　后来，晨晨爸爸和晨晨妈妈和好如初，爸爸意识到妈妈在这十年间为家庭付出了所有，所以不再苛求妈妈一定要像职场女性一样独立自主。而晨晨妈妈呢，也意识到构建美满的家庭，需要父母一起努力。所以她走出了家庭，开了一家花店，不仅有了稳定的经济收入，还能够兼顾晨晨，可谓两全其美。看到爸爸妈妈从形同陌路，到又在一起，相互扶持，相互帮助，晨晨的学习状态终于回归正常了。

在这个世界上，没有人比父母更爱孩子。父母都想给孩子提供更好的成长条件，都想为孩子创造更高的起点。然而，有很多因素都会让父母觉得"心有余而力不足"。因为没有一个家庭是完全相同的。有的家庭非常富裕，有的家庭比较贫穷，有的家庭生活在社会的上层，有的家庭生活在社会的底层。但是在不同的家庭里，有一点是相同的，那就是只有爸爸妈妈相亲相爱，才能给孩子一个幸福美满、安安稳稳的家。

现代社会发展的速度非常快，经济也越来越发达，这使很多家庭中父母的感情不那么稳固。有些父母因为各种各样的原因选择了分开，殊不知，在父母离婚的情况下，受到伤害最大的却是孩子。父母都是成年人，都具有独立生活的能力，而孩子却是一个未成年人，他需要依赖父母的照顾才能生存。如果他感觉到家很不安定，就会觉得非常恐惧。作为父母，要想给予孩子最好的爱，要想让孩子觉得幸福，就要彼此相亲相爱。尤其是爸爸作为家里的顶梁柱，更是要爱妈妈，这样才能让孩子感受到爸爸的责任和担当，才能让孩子获得安全感。

家就像是一个小小的社会，虽然只有几个成员，但是成员之间的关系并不简单。在家庭生活中，很多成员之间都会有各种各样的矛盾。在出现矛盾的时候，不要逃避，而是要积极面对，也要想方设法地化解。没有哪个家庭是从来不会有任何问题的，所以父母们既要端正心态，也要在处理好夫妻关系的同时，顾及孩子的感受。

近些年来，离婚率节节攀升，就是因为夫妻之间的感情越来越不稳定，这导致家庭也面临分崩解体的困局。夫妻之所以能够走到一起，组建成家庭，一定是因为有感情基础的，至少彼此是有好感的，也相互喜欢的。在有了孩子之后，对于婚姻生活中的很多决定更不能草率。虽然夫妻双方在离开彼此之后都可以继续开始自己的新生活，但是孩子却失去了一个完整的家。对于孩子而言，真正的幸福就是生活在爸爸妈妈身边。那么，父母要如何做才能经营好感情，给孩子一个幸福美满的家庭呢？

首先，夫妻双方应该列举对方身上值得自己欣赏的优点。每个人都会有优点，夫妻也正是因为被对方的优点所吸引，才能与对方走到一起组建家庭。但是在长期琐碎的生活中，夫妻之间有时难免会产生一些误解，这样就掩盖了优点。为了维系婚姻，夫妻双方要时时"擦拭"婚姻这面镜子，要时刻想着对方的优点，经常想到对方的好处，这样才能唤起心底里已经被灰尘掩没的对对方的爱。婚姻是需要维护的，如果总是任由婚姻随意地发展下去，当发现婚姻出现问题时也不积极地去解决，那么这段婚姻就会令人担忧。

其次，要学会倾听。在家庭生活中，有各种各样琐碎的事情。作为夫妻，如果每个人都只从自己的角度出发考虑问题，只关心自己的情绪和感受，而不关心对方，那么彼此之间的关系就会渐渐疏远。夫妻要学会倾听对方的心声，才能了解对方的所思所想和真实感受。所谓倾听，就是认真地听对方讲述各种事情而不随意加以判断和提出建议，这样的倾听方式会让对方感到非常轻松。与此同时，我们也要向对方敞开心扉，向对方进行倾诉，这样就像是对心灵进行了一次洗涤，会让整个婚姻的状态都变得焕然一新。

再次，要拥有属于自己的时间。很多年轻人在结婚有了孩子之后，全身心扑在家庭生活上失去了自我，也没有任何属于自己的时间，更不可能做自己想做的事情。他们整日忙忙碌碌，不是在忙着为这个家操劳，就是在忙着照顾孩子，或者是在忙着工作，长此以往，任谁都会感到心力交瘁，情绪状态也会非常糟糕。所以，建议夫妻都应该留出属于自己的时间独处，或者一起出去吃顿饭，或者是一起去看场电影，这对夫妻关系都是非常好的调剂，还能够增进夫妻感情。

最后，夫妻之间也要保有隐私。在现实生活中，很多夫妻之间没有隐私，不管什么事情都要求对方说个清楚。能够做到彼此坦诚相待，当然是很好的。但是，谁会没有隐私呢？谁会不需要个人空间呢？如果总是把自己挤压得无处可逃，那么夫妻相处就会出现大问题。所以夫妻之间一定要保持适当的距离，既要经常做出亲密的举动，在心理上拉近彼此之间的距离，也要给予对方一定的时间和空间去独处，这才是最好的婚姻生活状态。

夫妻不仅是生活中的陪伴，也是心灵上的伴侣。夫妻关系需要彼此用心地去维护。不可否认的一点是，在家庭生活中难免会有各种各样糟糕的事情发生，有的时候生活就像一团乱麻，让人无法整理出头绪。因此，当遇到麻烦事的时候，遇到坎坷和挫折的时候，父母要学会关注孩子，积极地表达情绪。不管心里多么生气，都不要出口成"脏"，而是要使用文明礼貌用语，尊重对方。

在家庭生活中，父母在孩子的心目中具有不可替代的地位，对于家庭构建的作用也是非常重要的。父母要彼此相爱，家庭氛围和谐融洽，才能让孩子拥有安全感。所以父母要把夫妻关系优于亲子关系去处理，要在构建良好的亲子关系之前，先构建良好的夫妻关系作为亲子关系的基础，这样才能让家庭教育的大厦更加坚固。

如何对待老人的隔代疼爱

　　乐乐从小就是由姥姥姥爷带大的。爸爸妈妈每天都要上班，工作非常忙，乐乐和姥姥姥爷相处的时间最长。转眼之间，乐乐已经上初一了。期中考试，乐乐考得很好，是全班第一名。他不免骄傲起来，心里沾沾自喜，觉得自己是最优秀的，也就不把其他同学看在眼里。对于下半个学期的学习，乐乐有些松懈，不但上课听讲三心二意，而且课后作业也完成得马马虎虎。看到乐乐这样的表现，妈妈很着急，几次三番想要教训乐乐，但都被姥姥姥爷制止了。

　　整个周末，乐乐都在玩，没有及时完成老师布置的作业。周一到了学校之后，乐乐被老师狠狠地批评了一顿。老师还把乐乐最近的学习情况告诉了妈妈，让妈妈一定要督促乐乐认真学习。回到家里，妈妈严肃地教训乐乐。看到妈妈如此严肃的态度，乐乐哭得稀里哗啦，姥姥姥爷马上跑过来制止妈妈："孩子还小，你对孩子这么严厉干什么呀！有什么事情不能好好说呢，学习不是最重要的，孩子健康平安才是最重要的。"听到姥姥姥爷的话，乐乐哭得更厉害了，还一边哭一边偷瞄着姥姥姥爷。妈妈对姥姥姥爷的话很不赞成，生气地说："爸妈，你们干嘛呀！孩子不教，能成人吗？"就这样，妈妈和姥姥姥爷之间闹得不欢而散。果然，在期末考试中，乐乐的学习成绩下滑了很多。

在有老人帮忙带养孩子的家庭中，关系总是很复杂的。和一些家庭里父母亲自教育孩子不同，在有老人帮忙的情况下，每当父母要教训孩子，老人总是拦在中间，成为教育孩子的阻力。很多老人的教育观念难免会有些迂腐陈旧，再加上"隔代亲"，所以他们更加疼爱孙辈。在教育孩子的时候被老人阻拦，作为父母要体谅老人对孩子的疼爱之情，也要顾及到老人每天照顾孩子的辛苦之处。特别是在发生冲突时，尤其要注意尊重长辈，维持家庭氛围的和谐。只有梳理好家庭中的人际关系，让每个人都各司其职，才能更好地教育好孩子。

要建立稳定的家庭秩序，才能让家庭生活井然有序。具体操作上，父母要做到以下几点。

首先，父母要与老人分工明确，确定各自的职责。通常情况下，老人对孩子会照顾得更加周到，也有耐心陪伴孩子，那么父母可以和老人约定，由父母负责孩子的教育问题，由老人负责孩子的吃喝拉撒，带着孩子玩耍。这样一来，彼此都能遵守自己的行为边界，在孩子出现问题的时候，就可以根据自己的职责来对孩子行使权利，从而让教育更加高效，也能避免因为孩子的教育问题产生家庭矛盾和冲突。

其次，父母要告诉孩子，在被父母教育或者批评的时候，不要试图向老人求助。很多孩子很会察言观色，意识到长辈更疼爱自己，所以每当被父母严厉训斥，他们就会向老人寻求庇护。因此父母可以明确地告诉孩子，如果孩子向老人寻求庇护，那么将会受到更加严厉的批评和惩罚。

最后，家庭成员之间要达成一致，即不管谁正在教育孩子，其他人即使有不同意见，也不能当着孩子的面说出来。因为在有些家庭里，家人之间在对待孩子的教育问题不能达成一致时，就当着孩子的面相互拆台，这是万万要不得的。一则会损害家长在孩子面前的权威，二则也会让孩子感到困惑，不知道在家里应该听谁的话。家庭教育一定要保持一致，不管家里有多少人，都不要多头管理，否则非但对孩子的教育无益，反而对孩子的教育有害。

总之，不管采取哪种策略对待溺爱孩子的老人和寻求保护的孩子，父母都要坚持一个原则，即家和万事兴。任何家庭教育，都要建立在幸福和睦的家庭氛围之上，才能起到最好的效果。如果家庭气氛不好，家庭成员之间总是发生各种矛盾和冲突，那么对孩子的教育效果就会大打折扣。

掌控家庭生活的节奏，从容育儿

　　每天早晨起床，娜娜都是手忙脚乱的。她本来就喜欢睡懒觉，常常要等到闹钟响好几遍才会起床。往往等到她起床的时候，距离出发去上学已经只剩下十几分钟了。这个时候，娜娜只好飞快地穿衣服，洗漱，然后三口两口就把妈妈准备的早餐吞到肚子里，最后飞快地背起书包跑出门去。看到娜娜这样，妈妈不由得感到担心，对娜娜说："明年你就读初三了，初三可是要努力冲刺的一年，你总是这样睡到最后一刻才起床，将来初三早读课的时间会提前，看你怎么办？"娜娜对妈妈的话不以为然，说："我还不是随你嘛，你看我们家乱的。你上班时间不能收拾家务，你下班休息的时候呢，又累得不想动弹。你看看人家琴琴家里，琴琴妈妈也上班呀，但是家里收拾得干净利索，跟咱们家真是天壤之别。"听了娜娜的反驳，妈妈无话可说。的确，妈妈没有把家务活安排好，也难怪娜娜会这样说。

　　每到周末，别人家里都是享受悠闲自得的时光，但是娜娜家里却过得如同在打仗一样。这是为什么呢？原来娜娜到了周末要去上好几个课外班，因为时间紧迫，妈妈必须争分夺秒地把她从一个地点送到另外一个地点，再送到下一个地点，一天下来至少要换三个地方。这让妈妈根本没有时间做其他事情。看到妈妈焦头烂额的样子，娜娜也常常感到无奈，她多想像琴琴一样带着妈妈做的美味便当去上课呀，但是妈妈只是按时送她去课外班就已经把时间分得零碎了，又哪里有时间给她做美味的便当呢？

有一个星期天，暴雨如注。妈妈和娜娜被暴雨拦在外面，没法回家。正好琴琴和妈妈也在，她们就一起在附近的餐馆里吃饭，顺便等着大雨停。在吃饭的过程中，娜娜妈妈突然想起来娜娜说过的话，因而向琴琴的妈妈取经："琴琴妈妈，我家娜娜经常说你做事情有条有理，家里也收拾得很干净。你有什么秘诀可以传授给我吗？我每天上班还要照顾家里，真觉得焦头烂额，精疲力尽，感觉什么事情都做不好。"听到娜娜妈妈的话，琴琴妈妈忍不住笑起来，说："我以前也和你一样，事情做得没有头绪，自己特别累，效果还不好。不过后来我发现了，只要能够调整好节奏，就会非常轻松。"娜娜妈妈很奇怪："节奏？生活的节奏？可为什么我总是觉得我家的生活就是一地鸡毛呢？"

琴琴妈妈笑着说："是啊，如果我们心里把生活当成一首歌，那么就可以把生活过成一首歌；如果我们认为生活是一地鸡毛，那么生活就会成为一地鸡毛；如果我们把生活当成是战场，每天都像冲锋打仗一样，那么生活就会充满了火药味。我也是在和生活较劲了很长时间之后，才想明白这个道理的。其实有很多事情都可以交给孩子爸爸去做，这样我们就会觉得轻松一些。虽然说为母则刚，但是我们也不可能做完家里所有的事情，所以要学会放手。例如，你可以让爸爸送她一次。或者，你可以让爸爸在家里打扫卫生，买菜做饭。也许他第一次做饭可能不好吃，但是练习的次数多了，做出来的饭菜就会越来越好吃。退一步而言，吃家里的饭菜总比吃外卖好吧，外卖吃多了对身体健康有害。"听了琴琴妈妈的话，娜娜妈妈恍然大悟，当即说道："哎呀，你这么一说，我觉得真是有道理。我怎么就没有想过要给爸爸也安排一些任务呢？我再累再忙，总是自己做所有的事情，爸爸只负责上班，日子清闲得很。"

琴琴妈妈说："对呀，我们要把这个家当成一个整体看，要把家里的每一个成员都调动起来，这样才能把时间安排得更加合理。在做很多事情的时候，也就不至于手忙脚乱了。生活真的就像唱歌，当你找准节奏的时候，唱起来就优美动听，否则就会跑了调，要多难听就有多难听。"这次吃饭，娜娜妈妈可没少向琴琴妈妈取经。后来，娜娜妈妈也模仿琴琴妈妈的样子，对家里进行了大整顿，把家里的很多事情都进行了分工，而且要求所有的家庭成员都必须密切合作，各司其职。不久，娜娜家里就变得井然有序起来，虽然还不能达到琴琴家里那样完美的状态，但是相比以前已经好多了。娜娜相信妈妈在找到了这么有效的方法之后，一定会做得越来越好，当然，她也要向妈妈看齐，把学习和生活安排得更有条理，更加高效。

每一个有孩子的家庭里，父母都会觉得非常忙乱，这是因为孩子无论是处于小学阶段、中学阶段、还是大学阶段都需要父母花费时间去关注。尤其是在孩子上学之后，父母更是需要挤出很多时间来陪着孩子去上各种课外班。如果家里总是乱糟糟的，那么对孩子也会造成不良影响。尤其是当父母不能顾及所有事情时，孩子还会因此而被忽视、被冷落。所以父母有必要调整好生活的节奏，从容地教育孩子。

为什么说是生活的节奏，而不说是生活的日程表呢？这是因为节奏和日程表是不同的。生活的日程表是严格的时间表，一旦制订了，就意味着每件事情都要分秒不差地按照日程表上规定的进行。但是节奏却不同。节奏是一种日常的流程，不需要把时间弄得分秒不差，但是却可以让人们在大概的时间段里做计划内的事情，能够保持一种相对的秩序。

在孩子周一到周五去学校上课的日子里，父母觉得时间还是相对有规律的，这是因为孩子去学校的时间是固定的，无形中就有了节奏。到了周末，孩子要上各种课外班补习班，有些孩子还需要，参加一些娱乐活动，父母都要陪伴在孩子身边，所以不仅孩子非常累，父母也特别忙乱。父母在为孩子安排日程的时候，不要贪多。很多父母望子成龙，望女成凤，他们会给孩子报特别多的课外班，恨不得孩子在学习完这些课程之后，马上就能成人成才。实际上，这只是父母的一厢情愿而已。孩子的成长是一个循序渐进的过程，所以父母不要奢求孩子一蹴而就获得成功。

为孩子寻找生活节奏的时候，除了要理性地为孩子报名各种课外班之外，还要让孩子参与安排日常流程。孩子作为参与者，就会主动去执行，也才能把相应的事情都圆满地完成。当然，孩子处于不同的年龄段，他们的自我控制能力是不同的。有些小孩子，例如一两岁的孩子，他们可以选择自己穿什么衣服；有些已经进入了初中、高中的孩子，父母就要给他们更多的自由，让他们对于日常流程的安排有更大的控制权。父母要学会对孩子放手，在孩子需要帮助的时候才对孩子加以援手，这么做，能够让孩子形成良好的自控能力，也让孩子对自己的生活安排做到心中有数。

在寻找生活节奏的时候，一定要知道每天大概需要做些什么事情。如果父母和孩子都不知道这一天之中要做哪些事情，而只会等到事到临头的时候才仓促地应对，那么根本就不可能找到节奏。节奏就像是韵律，是一种富有弹性的、让人感觉很舒服的流程。通常情况下，上午要做的就是起床穿衣洗漱，然后去上学。等到下午孩子放学之后，就是写作业，吃晚饭，进行娱乐活动，睡前洗漱，等等。这些流程是孩子每天都需要做的，所以父母安排这些流程的时候要考虑到节奏性，也要在进行这些流程的时候形成节奏。

当然，每个人的节奏感是不同的。同样的生活流程，有人觉得非常合理，有人可能就觉得无法接受。作为父母，我们要找到让全家人都觉得舒服的节奏，也就是说这个节奏能够满足全家人的心理需求。这样一来，全家就能够作为一个小团队采取统一行动，从而取得更好的效果。当然，既然是为了从容地教育孩子才寻找家庭生活的节奏，那么父母就要以教育孩子为主线，以孩子的生活流程为主体节奏，这样才能事半功倍。

说到这里，父母一定会反思自己的家庭目前有没有节奏。如果有节奏，那么这个节奏的效果如何？哪里需要改进？例如，每天早晨，妈妈都会起床为全家人做早餐，孩子起床洗漱吃饭爸爸送孩子去上学。这样一来，紧张的早晨就会忙中有序地顺利度过。再如，下午孩子回到家里，妈妈要为孩子准备晚餐，等到爸爸下班之后，全家人一起吃晚餐。在此期间，孩子可以完成一部分作业，还可以在晚餐之后休息片刻，阅读课外书，等到六点半或者七点时，继续写作业，直到完成作业。在睡觉之前半个小时洗漱，有多余的时间可以读课外书，或者做一些喜欢做的事情。在这样的节奏中，全家人都会觉得很舒服，每个人都知道自己在每个时间段应该做什么。当然这只是一个大概的节奏，是有很大的弹性的。如果在特定的时间里没有做某一件事情，那么可以随机变通，灵活安排，这样也不会给自己带来压迫感。

如果家里现在并没有非常好的节奏，那么，父母可以引导孩子，把孩子带入良好的节奏中。家庭生活一旦找到了节奏，那么忙乱就会消散于无形，因为在良好的节奏中，父母会知道哪些事情需要优先去做，哪些事情可以略微放一放。孩子也会渐渐地感知到事情有不同的轻重缓急程度，从而用有限的时间把更多的事情都做好。显而易见，家庭生活的一个至高境界，就是有节奏生活。在找到生活的节奏之后，原本紧张忙碌的生活，就会忙中有序，就会秩序井然，当然这会带给全家人更好的生活体验，也能减少亲子间的矛盾和冲突。

仪式感，让孩子深刻感受爱

每年五月的第二个周日是母亲节。在佳佳小的时候，妈妈并没有庆祝母亲节的概念，因为孩子还小，还不会为她过节。但是现在佳佳已经上初二了，到了母亲节，妈妈未免有些憧憬，她会想：佳佳会不会送给我礼物呢？说不定他放学回家的时候会给我一个惊喜。带着这样的憧憬，妈妈一天都在盼着佳佳放学，但是佳佳放学回到家里之后，连一句"母亲节快乐"都没有对妈妈说，妈妈感到非常失望，也很生气。她一声不吭地为佳佳准备晚餐，吃完晚饭之后，她再也忍不住了，愤愤不平地对佳佳说："今天是什么日子，你知道吗？"佳佳摇摇头。妈妈又说："那你仔细地想一想，今天是什么日子？"佳佳想来想去，说："今天也不是我的生日呀！"妈妈更生气了，质问佳佳："难道你心里只有你自己吗？你不知道今天是母亲节吗？满大街都在宣传母亲节，商家都在借此机会来做促销，你就一点没有感觉到今天是母亲节吗？"佳佳恍然大悟，说："难怪！我今天看到学校门口的超市在卖康乃馨呢！"妈妈哭笑不得地说："是啊，学校门口的超市在卖康乃馨,康乃馨的花语是母亲节,你就不知道买一朵花回来送给我?我记得你身上是有零花钱的吧,难道连一枝花也舍不得给我买?"佳佳有些委屈,说:"咱们家从来也没有买过鲜花呀,我怎么知道过节要买鲜花呢?"

佳佳的这句话深深地刺痛了妈妈,这个时候,妈妈把战火的苗头转到爸爸身上,对爸爸说:"你看看你给孩子做的好榜样,不管是我的生日,还是结婚纪念日,还是情人节,你连一枝玫瑰花都舍不得给我买。这下子好了,你儿子继承了你的优良传统,连一枝康乃馨都不舍得给我买。看来,以后什么节都不用过了,会成为我们家的传统。我看,索性连你们的生日也都不要过了,因为也没有人记得我的生日!"

妈妈如同连珠炮一样地说了很多话,爸爸非常羞愧。他对妈妈说:"抱歉抱歉!这不是没有养成习惯吗?我下次一定改正。要不我明天给你补过一个母亲节,好不好?佳佳,咱们一起给妈妈过个母亲节,行吗?"佳佳连连点头,说:"那可太好了,咱们要去饭店吃饭吗?"爸爸责怪佳佳:"你这个吃货!过母亲节难道就是为了满足你的口腹之欲吗?现在,你马上去买一件礼物送给妈妈,一定要能够表达你对妈妈的爱。"佳佳也不示弱,对爸爸说:"那你也要送一件特别的礼物给妈妈,表达你对妈妈的爱。咱们俩就比赛一下吧!你这么多年都没送过礼物给妈妈,我倒是要看看你能送一个什么礼物给妈妈,能不能给妈妈惊喜。"就这样,爸爸和佳佳达成了一致。妈妈听到爸爸和佳佳的话,又忍不住破涕为笑,说:"真是没有一点儿情趣啊,过母亲节!我还得张嘴跟你们要礼物。过节应有的仪式，还得等过了母亲节后再补。"

　　在即将到来的母亲节中，一定会有人欢喜有人愁。这是因为有的家庭里习惯举行各种仪式来庆祝不同的节日或者纪念日，而有的家庭则没有这样的习惯。如果父母很注重仪式，那么孩子无形中就会受到父母的影响，也很注重仪式。相比之下，有的家庭对于仪式感并不那么重视，甚至会取消一些不必要的仪式。当父母缺乏仪式感，也不注重仪式，孩子就会潜移默化地受到父母的影响，觉得并没有必要举行仪式。那么，仪式是否重要呢？对此，每个人都有不同的看法。人们基本上分为两派，有人觉得仪式是很重要的，在很多特别的时刻能够表达自己的思想或者情感，也有人觉得仪式无关紧要，而更注重本质和内容。例如有人结婚，大张旗鼓，花费重金，恨不得昭告全世界，而有人结婚却悄无声息，两个人拿了结婚证下顿馆子，再买一束鲜花，就算结婚了。甚至还有的人更简单，只是去民政部门领个结婚证。那么，人们为什么要举行隆重的结婚典礼呢？因为他们觉得举行盛大的婚礼，是把婚姻看得更加神圣。而有些人则觉得婚姻更看重本质，不需要仪式来提升神圣感，而是需要发自内心地崇尚婚姻。这两种做法都没有问题。举行怎样的婚礼仪式甚至是办不办婚礼都是每个人的选择。但是，在家庭生活中，还是应该重视仪式，多一些仪式感，这样能让孩子感受到更多的爱。

　　生活中的每一天如果都过得一模一样，那么我们又如何区别那些与众不同的日子呢？只有在举行仪式的情况下，我们才能更深刻地记住那些特别的日子。例如结婚纪念日，如果父母每年都过结婚纪念日，举行仪式，那么孩子就会觉得婚姻很神圣很美好，也会在仪式中感受到父母之间深深的爱意。再如，很多家庭里甚至不给孩子过生日，也不会在孩子生日那天感谢妈妈的辛苦付出。这对于培养孩子对妈妈的感恩之心是没有好处的。俗话说，孩子的生日就是母亲的受难日。如果能够在孩子生日这天，让孩子表达对母亲的感谢，并且每年生日都坚持这么去做，那么孩子对母亲就会充满感恩之心。

仪式还有一个作用，就是能够让原本各自忙碌的家人，找一个正当的理由聚集在一起。在举行仪式的过程中，还会引起情感的共鸣，加深彼此之间的感情。很多父母误以为仪式就必须是非常隆重的，还要惊动很多人。其实并非如此。在日常生活中，仪式可以非常简单。例如和孩子坐在一起喝下午茶，或者每天晚上都和孩子一起下几盘五子棋。这样的内容固定下来之后，就会让孩子觉得很有趣。再如，在孩子生日的时候，即使不买蛋糕，也可以为孩子准备一碗带荷包蛋的长寿面。仪式能够把生活中那些值得记忆的点滴固化下来。当孩子再次看到相似的场景，或者经历相同的事情时，马上就会想起自己曾经的回忆。

现代社会中，有一些父母工作非常忙，而且工作的时间不固定，这就使得全家人坐在一起吃饭都成为了一种奢望。为了培养全家人在一起吃饭的仪式感，可以在每周或者是每个月固定的日子里举行全家聚餐的仪式。如果每天晚上不能在一起吃饭，那么也可以把早餐作为全家聚餐的仪式。这样的仪式渗透在生活的每一天之中，对于培养孩子的仪式感，让孩子感受生活中的温暖和爱，都是非常有好处的。当孩子内心充满了爱，充满了温情，与父母相处一定会更加和谐融洽。

心理学家经过研究发现，全家人一起吃早饭，对孩子的心理健康非常有帮助，而且能够让孩子更加满足，更加积极向上。仪式既可以在固定的日子里举行，也可以在每一天固定的时间点进行，还可以是随机的。例如孩子结婚要举行仪式，那么这个仪式就是根据孩子结婚的时间点决定的。再如，每天一起吃早餐，这是每天都可以进行的仪式，也可以作为家里常规的仪式。生活中，总有一些惊喜，当惊喜发生的时候，可以随机地举行仪式，也可以根据需要隆重地庆祝。

孩子每天放学的时候，父母也可以问问孩子今天在学校里过得是否开心，有没有什么收获。虽然只是简单的几个问题，但是在一问一答中，父母既可以了解孩子在学校里的情况，也可以使其成为一个小小的仪式。渐渐地，孩子每天放学回到家里，都会主动和父母进行沟通，孩子也很乐意把在学校里发生的事情讲给父母听，这样的仪式不是更加积极且有意义吗？很多父母虽然和孩子在一起生活，但是他们真正和孩子相处的时间却很少，也可以说是他们用来和孩子沟通的时间少之又少。既然如此，父母就要抓住这些和孩子沟通的机会，这对于促近亲子关系，培养亲子感情都大有裨益。

仪式在生活中无处不在。只要是有仪式感的人，就可以在生活中发现特别的时刻，举行很多仪式。反之，一个人如果没有仪式感，那么即使遇到很特别的时刻，他们也不能用心庆祝和纪念。对于人生来说，没有仪式感显然是一个很大的遗憾，也是一种欠缺。毕竟没有谁情愿只活在自己的内心里，也没有谁不希望在特别的时刻被关注被祝福。为了从小培养孩子的仪式感，让孩子有一颗敏感细腻的心灵，父母就要为孩子做好榜样，让家庭生活充满仪式感，在潜移默化中影响孩子。当孩子成为一个具有仪式感的人，他们就会变得更有情趣，也能够借助于各种机会，为生活创造浪漫和惊喜。

把控自身情绪，给孩子坚定平和的爱

琪琪妈妈是一个脾气非常急躁的人。在家庭生活中，每当看到爸爸或者琪琪做的事情不能让她满意，她就会大喊大叫。渐渐地，琪琪的脾气也变得越来越糟糕，常常像妈妈一样大喊大叫。有一次，琪琪冲着妈妈发火，叫声比妈妈的声音还大，这让妈妈感到特别纳闷，不知道琪琪的火气为什么会这么大。爸爸温言细语地对妈妈说："其实，你也不要怪孩子脾气不好，因为咱们自己的脾气就不太好。"

爸爸的话说得很委婉，妈妈当即想到都是因为自己脾气不好，经常对琪琪大喊大叫，所以琪琪才不能很好地控制自己的情绪。意识到这一点之后，妈妈开始改正自己的坏脾气，也学会了控制自己的情绪。

在一个家庭中，妈妈的形象对孩子会起到很重要的影响。这是因为孩子非常信任和依赖妈妈，他们在不知不觉间就在模仿妈妈的行为。如果妈妈能够谨言慎行，给孩子树立好榜样，那么孩子就会模仿妈妈，成为一个很自制的人。相反，如果妈妈总是带给孩子负面的影响，那么孩子在各个方面的表现就会越来越糟糕。

人是拥有感性的一面的，都会产生各种各样的情绪。有的时候，情绪的产生是自然而然形成的，我们并不能控制情绪。在这种情况下，我们就会成为情绪的奴隶，假如情绪一旦失控，后果就会非常糟糕。为了让孩子处事淡定平和，妈妈应该给予孩子积极的影响，为孩子树立控制情绪的好榜样，这样孩子才能模仿妈妈，成为情绪的主人。当然，爸爸对孩子的影响也是很大的，也要和妈妈一起给予孩子正面的影响力。

对于父母而言，要想控制情绪，或者始终保持良好的情绪，并不是一件容易做好的事情。因为现代社会生存的压力很大，父母既要做好工作，又要兼顾家庭，尤其是要处理生活中出现的各种问题。在这样的情况下，要想始终保持情绪愉悦是很难的，因此父母就要学会控制情绪的方法，这样才能有效地利用情绪。

首先，父母要拥有充足的睡眠。很多父母既要忙于工作，又要照顾家庭，每天就如同陀螺一样转个不停，连片刻也不能停息，这使他们严重缺乏睡眠。科学家经过研究发现，人如果长期处于缺乏睡眠的状态，情绪就会变得越来越暴躁。父母要学会调节生活节奏，平衡好工作和生活之间的关系，这样才能做到"忙里偷闲"，让自己获得充足的睡眠。例如，有些妈妈为了照顾孩子，晚上睡得比较晚，那么，可以在吃完午饭之后小憩片刻，尽管只能睡很短的时间，但是却能够让妈妈恢复精力。

其次，要有自己的兴趣爱好。现代社会中，大多数人每天都忙忙碌碌，根本没有属于自己的时间和空间，更是把自己的爱好与兴趣完全忘记了，这对于保持情绪的愉悦是没有好处的。越是在紧张忙碌的生活中，我们越是应该保持自己的兴趣爱好，这样才能在感到压力巨大，或者是在生活和工作非常紧张之余，通过做喜欢的事情来让自己紧张的神经得到缓解，让情绪得到放松。兴趣爱好最好不要带有功利性，而是要完全遵循自己的本心，做自己喜欢和感兴趣的事情，这样才是真正的爱好，也才能对舒缓情绪起到更好的效果。

再次，坚持运动。人们常说，生命在于运动。生命不息，运动不止。由此可见，运动对于维持生命的健康是非常重要的。从情绪的角度来说，运动还可以缓解烦躁不安，消除负面情绪，让身体充满活力，从而保持情绪健康。当然，运动的方式因人而异，有人体力非常好，那么可以从事一些剧烈的运动，有人体力比较差，那么可以选择散步，或者是和朋友一起远足，这些比较舒缓的运动方式同样有益身体健康。也可以选择在室内进行的运动，例如瑜伽。在夜深人静的时候，可以抽出短暂的时间做瑜伽，不但可以舒展身体，也可以舒缓心灵，有益身心健康。

最后，建立良好的人际关系。现代社会生活中，每个人都承受着各种各样的压力，也会产生形形色色的烦恼，所以要学会为自己寻找一些真心的好朋友，这样在感到心力交瘁的时候，可以向好朋友倾诉，从好朋友那里得到安慰。有的时候，好朋友的话就像涓涓细流流入我们的心间，滋润我们的心田，这对于我们的成长而言是非常有好处的。为人父母者在和好朋友进行沟通的时候，还可以彼此取经，学习对方成功的经验，更好地教育孩子，更好地经营家庭，可谓是好处多多。

每个人都应该成为情绪的主人，而不应该被情绪奴役。只有成为情绪的主人，我们才能保持情绪健康，也才能在情绪出现问题的时候，更加积极主动地解决问题。当父母能够主宰自身的情绪时，就可以更从容平静地面对孩子。即使在面对孩子在成长过程中出现各种问题，父母也不会歇斯底里，更不会怨声载道，而是能够积极的想出各种办法，用爱来包容孩子，从而会以更有效地解决问题，拉近亲子关系，增进亲子感情，可谓一举多得。

第二章

不要以爱的名义限制
和禁锢孩子

很多父母都自认为自己是这个世界上最爱孩子的人，所以常常打着爱的旗号，采取各种各样的教育方法对孩子进行管教，还美其名曰"打是亲，骂是爱"。也有的父母爱孩子失去了限度，在无形中把爱变成了禁锢孩子的囚笼，使孩子被爱拘禁起来，无法自由地成长。作为父母，一定要有限度地爱孩子。随着孩子不断成长，父母对孩子的爱也应该做出调整，从而适应孩子的成长，满足孩子的需要。当孩子升入小学、中学、甚至大学以后，父母对孩子的爱应该有所保留，这样才能激发孩子的潜能，促进孩子各方面的能力得以提升，也让孩子真正变得强大起来，从而能够独立地面对人生。

溺爱，是对孩子最大的伤害

　　佳明从小就在父母的疼爱下成长。他是家里的独生子，他的爸爸妈妈也都是各自家庭里的独生子女，这就使佳明不但得到爸爸妈妈的疼爱，而且得到了爷爷奶奶和姥姥姥爷的溺爱。从小，佳明不管有什么愿望，都能够被实现，不管有什么需求，都会第一时间被满足。他渐渐养成了骄纵任性的习惯，生活自理能力几乎为零。

　　在整个小学阶段，佳明都由爷爷奶奶、姥姥姥爷轮流接送。到了初中，他需要住校，这使他感到非常担忧，因为他什么都不会做，甚至从来没有为自己洗过袜子。面对即将到来的住校生活，佳明可怎么办呢？父母一反曾经疼爱佳明的状态，对佳明说："你必须锻炼自己。什么事儿都需要亲自去做，这样才能学会更多的生存技能。如果你总是留在家里接受我们无微不至的照顾，那么你永远也长不大。"佳明觉得父母说得很有道理，但他还是感到手足无措，毕竟他还从来没有独立生活过呢。

　　初中开学的第一天，爸爸妈妈把佳明送到学校，为佳明铺好床铺，对他说："接下来，就要靠你自己啦！"当天晚上睡觉的时候，佳明就因为被蚊子咬而彻夜不眠。第二天早晨，佳明哭哭啼啼地给爸爸妈妈打电话，爸爸妈妈很快为他送来了蚊帐。爸爸对佳明说："你缺少生活必需品，可以找我们要。但是对于你自己能解决的问题，你可是要自己解决的，比如洗衣服等，即使你给我们打电话求助，我们也是不会帮助你的。"

第一次洗衣服，佳明没有把衣服上的洗衣粉冲洗干净，使衣服晒干之后，上面还有洗衣粉留下的白色痕迹。佳明穿着这样的校服，被同学们嘲笑了。佳明生气地跑出学校，回到家里，他对爸爸妈妈说："以后我再也不去学校了。我不喜欢这个学校！"但是，爸爸妈妈的回答很干脆："你如果不去这个学校上学，那么你就去建筑工地干活，而且以后即便你想上学，也没有那么容易得到回归学校的机会。"正值炎热的夏季，想象在建筑工地上干活的工人们汗流浃背的样子，佳明还是选择了回学校。他对爸爸妈妈的做法很不理解，冲着爸妈吼道："我一定是你们捡来的吧，要不然你们怎么对我这么狠心呢！"

周末，佳明没有回家，他说还在和爸爸妈妈生气呢，不想回家去面对他们。就这样过去了一段时间，佳明的生活费花得差不多了，每天只能吃最便宜的饭菜。爷爷奶奶偷偷来看佳明，给了佳明一些生活费。佳明在这样的状态下学会了上网，他常常从学校溜出去通宵上网，学习成绩一落千丈。爸爸妈妈直到这时候才意识到佳明出现了问题，当即去学校里看望佳明，还在周末的时候专程接佳明回家。但是不管爸爸妈妈问什么，佳明都拒绝回答，爸爸妈妈这才意识到他们选择用这样锻炼和教育孩子的方式并不好。

在这个事例中，爸爸妈妈对佳明的做法是非常欠考虑的。因为爸爸妈妈突然把佳明完全地抛给学校，对佳明采取不管不顾的态度，可想而知佳明很难适应。

　　有人说，父母如果想要害了孩子，那么就溺爱孩子。为什么说溺爱孩子就是害了孩子呢？是因为在溺爱之下，孩子什么事情都学不会。因此，作为父母，一定要循序渐进地培养孩子各方面的能力，才能让孩子渐渐地走向独立。当孩子一旦离开父母的身边，独自去面对社会的时候，才不至于手足无措。

　　很多亲子冲突之所以发生，是因为父母的溺爱让孩子总是以自我为中心。这样使得他们从来不会感恩父母，不管思考什么问题，都是先从自身的需求出发，这使得他们越来越自私、任性，与父母之间的相处自然就出现了很大的问题。毋庸置疑，父母是这个世界上最亲近孩子的人，但是父母不管多么爱孩子，都不可能一直陪伴在孩子的身边。孩子终究会长大，会离开父母的身边独立生活，如果他们被父母宠爱得没有一技之长，不能自理，不会独立，那么可想而知未来他们的生活将会多么艰难。

　　父母之爱孩子，则为孩子计深远。明智的父母不会只关心孩子能否吃饱穿暖，而是更关心孩子的身心健康发展，这才是对孩子真正负责的态度。从现在开始，父母一定不要再溺爱孩子了。有些父母看到自家的孩子不懂事，不知道感恩，常常会抱怨孩子。殊不知，孩子不管出现什么问题，根本原因都不在孩子身上，而是在父母身上。父母只有给予孩子更多的锻炼机会，让孩子去成长，走向独立，孩子才能成为父母所期望的样子。如果父母总是把孩子捆绑在自己的身边，对孩子的每一件事情都亲力亲为地去做，根本不给孩子锻炼的机会，那么孩子就算大学毕业他的能力又怎么会得到发展呢？所以，父母不要溺爱孩子，而是要有保留、有限度地爱孩子，这样才能培养孩子的独立性，也才能让孩子全面成长。

鼓励孩子勇敢尝试

硕硕已经读小学五年级了，身强体壮，但是他的胆子非常小，尤其是在面对那些从来没有经历过的事情时，他总是不自觉地畏缩，不敢独立面对，这让爸爸妈妈非常担忧，不知道如何才能培养硕硕具备勇敢的特质。毕竟将来孩子不管是面对学习还是面对生活，都会遇到各种各样的难题，如果孩子什么事情都不敢独立面对，那么又如何实现自己的人生理想呢？

一个周末，爸爸妈妈带着硕硕去商场里玩。商场里高挑的大厅里搭建了一个好几层楼高的挑战台。这个挑战台随着高度的升高，挑战的难度也逐渐增大，所以那些年龄比较小的孩子只能选择在挑战台的下层，年龄稍微大些的孩子则在挑战台的中上层进行挑战。这个挑战台设计的项目很有意思，爸爸当即兴致盎然地对硕硕说："你去参加吧，我觉得你可以上到中层。"硕硕抬起头，看到挑战台那么高，有些犹豫地说："我，我可不敢！"妈妈鼓励硕硕："你看，有很多小朋友的身高才刚刚到一米二，就已经上去挑战了！你现在的身高可都已经一米六多了，我觉得你的勇气总比那些幼儿园的孩子的勇气更大吧。"

　　硕硕还是很犹豫。后来在爸爸妈妈的耐心鼓励下，硕硕终于鼓起勇气参加了这个项目。等到硕硕开始往挑战台上行进的时候，爸爸对妈妈说："这次你的表现很棒呀！"妈妈感到很惊讶，说："我又没有去挑战，你为什么说我很棒？应该表扬你儿子才对！"爸爸哈哈大笑起来："放在以往，你要是看到这样危险的项目，一定不会允许硕硕参加。但是今天你却成功地鼓励硕硕，让硕硕充满了勇气，功不可没！"妈妈不由得感到羞愧。的确，在此之前，妈妈恨不得把硕硕拴在自己的裤腰带上，不允许硕硕做任何危险的事情。正是因为如此，才使硕硕胆小、懦弱。后来，妈妈意识到自己在教育硕硕方面进入了误区，为了安全宁愿硕硕什么也不会做，从而限制了硕硕能力的发展。所以妈妈才会改变教育硕硕的方式，积极地鼓励硕硕进行各种尝试。希望硕硕能从现在开始改变，能勇敢地抓住机会锻炼自己。

　　很多父母都和硕硕的妈妈一样，在带养孩子的过程中，因为担心孩子会发生危险，所以禁止孩子做很多事情。其实，孩子想去冒险尝试，一则是因为孩子有着"初生牛犊不怕虎"的勇气，二则是因为孩子有着本能的想去征服自己的愿望。在这种情况下，父母要多多鼓励孩子，不要为了顾及孩子的安全就限制孩子去尝试。每个孩子都缺乏人生经验，他们在人生中需要经历的事情还有很多。明智的父母，会积极地培养孩子勇敢的特质，这样孩子才能更好地成长。尤其是当孩子面对困难的时候，父母不要打击孩子的自信心，而是要积极地鼓励孩子。当孩子鼓起信心和勇气去做的时候，即使孩子遭遇了失败，父母也不要责怪孩子。因为孩子年纪小缺乏经验，也因为能力不足，所以遭遇失败是非常正常的事情。父母如果能够正确对待孩子的失败，让孩子从失败的经验中站起来获得进步，那么这样的失败经验对孩子来说就是富有意义的。反之，如果父母自己本身就不能接受失败，一旦看到孩子失败，就会批评孩子，否定孩子，那么则会打击孩子的自信心，让孩子更加沮丧，更缺乏勇气进行尝试。

有人说，好孩子都是夸出来的；也有人说，孩子最终会成为父母所期望的样子。所以，在亲子相处中，为了避免与孩子发生冲突，也为了激励孩子健康快乐地成长，父母就要多多鼓励孩子，要经常向孩子描述自己对孩子的期望，以此鼓励孩子。相信在父母不断正面引导下，孩子一定会有积极的表现，也会做出让父母惊喜的改变。

在漫长的人生中，每个人想要实现的愿望很多，孩子也是如此。孩子正处于生命的初级阶段，他们对于人生有着无限的憧憬，也会在成长过程中面对很多难题。父母切勿对孩子全盘包办，更不要让孩子误以为只要父母在，就能够为他们解决一切的问题。孩子终究要靠自己度过这漫长的一生，他们哪怕能力不足，哪怕暂时没有好运气，仍然需要坚持去做。只有熬过最艰难晦暗的时期，孩子才能有更好的表现。所以父母一定要鼓励孩子勇敢地尝试，在必要的时候可以施以援手，给予孩子向上的力量，这样对孩子才能起到更强大的激励作用。具体来说，父母应如何鼓励孩子勇敢地尝试呢？

首先，不管孩子想做什么事情，只要这件事情不会引起严重到无法挽回的后果，父母可以给孩子机会去尝试。俗话说："不经历无以成经验"。如果父母总是以自身的经验去禁锢孩子，那么，孩子又怎么可能不断成长，不断去积累更多的经验，去变得强大呢？父母要知道，有些事情是不可能代替孩子去做的，更不可能代替孩子去经历。那么，父母就要鼓励孩子去面对人生，努力去做好各种各样的事情，这样才是对孩子真正负责的态度。

其次，在日常生活中，父母要为孩子做好榜样。很多父母本身就具有很浓重的畏难情绪，他们在遇到难题的时候，不能勇敢地迎难而上，总是畏畏缩缩，恨不得找个地方躲藏起来。如果逃避问题是他们一贯的做事态度，那么就会给孩子消极的影响。明智的父母会鼓励孩子勇敢尝试，当然，他们自身也会成为孩子的好榜样，率先去尝试各种事情，真正实现对孩子的身教。因为和言传相比，身教的作用是更大的，所以会对教育孩子起到更好的效果。

父母可以为孩子设定略微超出他们实际能力的目标。如果父母为孩子设定的目标，孩子轻轻松松就能实现，那么孩子不需要付出勇气，只需要像日常一样发挥出常规水平即可实现目标，这对于培养孩子的勇气并没有帮助。父母要了解孩子的真实能力，从而为孩子确立超出孩子现有能力的目标，在实现这些目标的过程中，孩子会更努力去做，会有更多的收获，从而突破和超越自我。

最后，在孩子遭遇失败的时候，切勿对孩子进行冷嘲热讽，更不要打击孩子。这是因为对孩子而言，失败是难免会发生的事情，如果父母总是对孩子进行冷嘲热讽或者打击孩子，那么就会让孩子失去信心。众所周知，失败是成功之母。父母要想让孩子踩着失败的阶梯努力向上，只有用正确的态度对待孩子的失败，才能引导孩子积极地面对失败。失败中蕴含着成功的机会，也凝聚着助力孩子成功的经验和教训。父母只有怀着从容的心态指引孩子，孩子才能在失败中崛起，获得成长。

要为孩子做好榜样，那么父母就要在遭遇失败的时候，也应该以积极的态度面对。例如，当在工作中受到挫折的时候，不要把负面的情绪带到家中，也不要因此而迁怒于孩子，而是要平静坦然地面对挫折，积极地想办法解决自己面临的困境。父母只有这样做，才能给予孩子正能量和积极的影响力。

人生的道路从来不会平坦如砥，更不会一帆风顺。在孩子面对坎坷和挫折时，父母要成为孩子的榜样，要作为孩子的引导者鼓励孩子，助力孩子激发自身的潜能，拼尽全力去面对各种困境。这样孩子将来才能成为真正的人生强者，在面对人生的各种困厄时，真正做到"兵来将挡，水来土掩"。

让孩子"撞南墙"

萌萌读初中二年级，正处于青春期，非常叛逆。从小对父母言听计从的她，现在最大的乐趣就是和父母作对。父母让她往东，她偏要往西，父母让她往南，她偏偏要往北。看着萌萌这样故意捣乱，父母觉得非常无奈。他们不敢对萌萌说太重的话，担心萌萌更逆反，又不放心让萌萌凡事都自己做主，毕竟萌萌还只是一个孩子，考虑问题不能那么全面，常常会出现冲动的情况。那么，父母应该如何跟萌萌相处，才能让萌萌愿意听从父母的话呢？

萌萌家距离学校比较远，一直都是由爸爸开车接送萌萌，但是到了初二之后，萌萌不愿意再让爸爸接送她了，而是想自己坐公交车和地铁上学、放学。对于萌萌的这个提议，妈妈一开始想表示反对，因为坐公交车再倒地铁至少需要40分钟的时间，而爸爸开车送萌萌则只需要15分钟的时间。尤其是早晨的时间非常紧张，这意味着萌萌需要早起半个小时，萌萌能坚持下去吗？

妈妈把自己的顾虑跟爸爸说了，爸爸对妈妈说："你不要急于否定她的想法，而是要让她亲自去试一试。你也看到了，萌萌最近这段时间很叛逆，如果我们把这件事情的利弊分析给萌萌听，再让她自己做出选择，她也许会更愿意采纳我们的建议。否则，她很有可能认为我们是故意不同意的。或者，我们什么也别说，先让她乘坐一段时间的公共交通工具，如果经常迟到，或者是因为早睡晚起特别疲惫，那么她有可能会主动改变想法。"

在爸爸的建议下，妈妈终于强忍住自己要说服萌萌的想法，她把一切担心都放在心里，允许萌萌独立坐公共交通工具上学、放学。果然，才过去一个多星期，萌萌每天都是"熊猫眼"，而且哈欠连天，有一天竟然在课堂上睡着了。还有一次，她因为起床晚了导致上学迟到，结果被老师狠狠地批评了一顿。妈妈看到萌萌这样很心疼，但她还是忍着什么都没有说。又过去了一个星期，萌萌主动对妈妈说："妈妈，还是让爸爸送我上学吧，早晨的时间太紧张了。"妈妈正盼望着萌萌能自己主动地提出这样的请求呢，当即点头答应。这时，爸爸对萌萌说："萌萌，千万不要身在福中不知福呀。对于初中生而言，时间是最宝贵的。有很多父母根本没有时间送孩子上学，孩子不得不乘坐公共交通工具。咱们家，因为爸爸是自由工作者，所以才能抽出时间接送你，这样你就可以节省下来很多时间，来做有用的事或者是休息。"萌萌点点头，对爸爸的话表示认可，而且非常真诚地说："爸爸，谢谢您每天为了送我早早起床。"爸爸和妈妈相视而笑，妈妈心中悬着的石头终于落了地。

很多家庭中之所以发生亲子冲突，是因为父母想把自己的人生经验强加给孩子。他们担心孩子不够成熟，不能把很多问题都想得全面周到，因而就代替孩子去想，而且要求孩子按照父母的安排去做。在这样的情况下，孩子自由做选择的权利被剥夺了，他们会为此对父母感到非常不满。明智的父母不会为了照顾孩子或者让孩子省一些力气，就为孩子安排好一切，尤其是当孩子的想法与父母不同时。他们会选择让孩子坚持按照自己的想法去做。等到孩子自己真正撞了"南墙"，认识到父母提出的方案是更为合理的，他们也许就会回头。有些孩子非常看重面子，可能不愿意回头，那么让孩子适当地吃一些苦也是没有坏处的。

父母应该时常想想自己在青春期的表现是否和现在的孩子一样，就能够理解孩子的心情了。正处于青春期的孩子是一个矛盾体，一方面他们觉得自己能够独立了，另外一方面，他们在很多事情上都还需要得到父母的帮助。在这种情况下，父母切勿强求孩子去做一些事情，即使父母已经预知到孩子的选择会导致糟糕的后果，只要这个后果并非不可承受，那么父母就应该给孩子去撞一撞"南墙"的机会，这对于孩子而言将是难得的成长。

让孩子"撞南墙"还有一个好处，就是让孩子亲身感受到他们因为错误的选择所带来的后果，也让他们去承担相应的责任，这样既可以加深孩子对错误的认识，也可以培养孩子的责任心，可谓一举两得。当然，在此过程中，孩子也会认识到，父母对他们提出的建议是以自己的人生经验为基础的，是真心为了他们好的，所以孩子就不会再和父母唱反调。这样既能够有效地改善剑拔弩张的亲子关系，又可以减少孩子与父母之间的冲突、缓和矛盾。

对于那些会引起严重后果，并且使孩子无法承受的事情，父母还是要坚决制止孩子去做的。孩子到了青春期之后，已经开始融入社会，他们会接触更多的人，经历更多的事情，在此基础上，他们的身心都会发生很大的改变。父母要密切关注孩子的变化，同时给予孩子更大的自由，而不要对孩子严格管教，否则就会使孩子对父母产生叛逆心理。

让孩子"撞南墙"是一种非常明智的教育方式。在"撞南墙"的过程中，孩子对于自身的认知会更加深刻，也会综合考量利弊再做出选择。他们会坚持思考，让思想变得越来越成熟，考虑问题也更加全面。显而易见，这对孩子而言是一个很大的进步。当然，从父母的角度来说，让孩子"撞南墙"并不容易。父母必须具有很强的自控力，才能在看到孩子即将撞上"南墙"的时候，控制住自己不去帮助孩子的冲动。既然要让孩子自己去闯荡，父母就不要给孩子过多的帮助，而是要让孩子感受到独立做很多事情的艰辛，也要让孩子意识到他们一旦选择错误，会引起怎样的后果，这样孩子才能得到深刻的教训。孩子的成长不是朝夕之间就能实现的，而是要坚持点点滴滴的进步，坚持积累很多的思考和感悟，在此过程中，父母要对孩子起到积极的引导作用。

不要以消极态度和固执想法对待孩子

乐乐正在房间里写作业，甜甜妹妹去房间里看乐乐，甜甜突然跑出来对妈妈说："妈妈，我告诉你一件事情，哥哥正在偷偷玩游戏。"听到甜甜这么说，妈妈非常生气，她当即就想发飙，但是一想到前一天，刚刚和乐乐之间发生了争吵，她只能先控制好自己的情绪。她可不想再和乐乐来一场歇斯底里的争吵，她只想解决问题，让乐乐在写作业时不要玩游戏，更不要偷偷玩游戏。因为写作业需要集中精力，所以如果乐乐偷偷玩游戏，就会导致作业延误。妈妈思考着：怎样做才能达到这个目的呢？

思考了片刻，妈妈走到房间里对乐乐说："乐乐，你是不是觉得精神比较紧张？所以需要玩游戏放松一下呀？"乐乐呆呆地看着妈妈，他已经做好准备迎接妈妈的"狂风骤雨"，显然没有想到妈妈会为他玩游戏找到这么一个完美的借口。他迟疑片刻，才对妈妈点了点头。妈妈说："好吧，你今天可以玩30分钟游戏，你自己定好时间，30分钟之后专心致志地写作业。当然，今天只是破例，因为你们刚刚进行完期中考试，而且你考的成绩还不错，所以就当是对你的奖励，好吧？下不为例哦！"乐乐激动地连连点头。妈妈离开房间之后，他光明正大地玩起了游戏，因为妈妈给了他30分钟的时间呢，正好可以进行一场厮杀。这次玩游戏，乐乐非常投入，从此之后，他再也没有背着妈妈偷偷玩过游戏。

相信有了这样的经历之后，乐乐下次就不会偷偷玩游戏了，毕竟妈妈能够理解他，也愿意宽容他，还能够破例满足他玩游戏的需求。在这个事例中，妈妈就采取了积极的沟通态度，给了乐乐一个台阶下，也给了自己回旋的余地。和乐乐妈妈明智的做法相比，有一些妈妈在和孩子相处的时候，会以消极的态度对待孩子。尤其是在发现孩子犯错误的时候，她们不会给孩子台阶下，而是会逼着孩子承认错误，甚至会威胁恐吓孩子。哪怕孩子对父母进行解释，父母也不愿意相信孩子。不得不说，父母这样固执的想法，会给孩子的内心带来严重的伤害。

每个孩子都希望能够得到父母的认可和肯定。作为父母，却并不理解孩子这样迫切的渴望，他们总是盯着孩子，试图发现孩子偷偷做一些他们不允许的事情，然后严厉地批评孩子。实际上，当父母有这种想法的时候，就意味着他们在教育孩子方面本末倒置了。这是因为父母忘记了管教孩子的初心。每一个父母之所以管教孩子，是希望孩子能够有更好地表现，希望孩子健康快乐地成长。如果父母管教孩子的目的只是为了找出孩子的错误，抓住孩子的"小辫子"不放，那么这样的教育就违背了初心。只有牢记初心，才能实现最终的目标。所以父母要始终记得教育孩子的目的，这样才能在教育孩子的过程中减少冲突，避免发生矛盾。

上述事例中，妈妈因为头一天和乐乐沟通不顺畅，还与乐乐发生了严重的争吵。所以次日，当得知乐乐又在偷偷玩游戏的时候，妈妈采取的做法就是值得我们借鉴的。她选择了相信乐乐，还做出了给乐乐玩游戏的决定。这样一来，乐乐还有什么必要偷偷玩游戏呢？

作为父母，应该成为孩子的伯乐，而不应该是诋毁孩子的人。父母要发掘孩子身上的闪光点，看到孩子的与众不同之处，即使孩子因为各种原因犯了错误，父母也不要随意地去否定孩子，更不要给孩子乱贴标签。父母只有始终看到孩子身上散发出的光芒，才能以欣赏的眼光激发孩子的潜能，托举孩子达到更高的高度。反之，如果父母处处都否定孩子，对孩子极其不耐烦，哪怕孩子表现得很好，父母也总是对孩子挑剔和苛责，那么孩子就会失去对父母的信任，甚至还会在不知不觉间把父母对他们的负面评价作为自我评价。可想而知，这对孩子而言是多么糟糕的事情。孩子会因为父母的负面评价而否定自己，产生破罐子破摔的想法，从而不愿意继续努力改善自己在父母心目中的形象，反而认定自己就是父母所说的样子，这样的孩子就会失去进步的动力。

曾经有心理学家说，每个孩子将来会成为什么样子，取决于他们从父母眼中看到的自己。读了这句话之后，相信有很多父母都会恍然大悟：原来我们的意见，对孩子来说是如此重要呀！在孩子成长的过程中，父母就要给孩子积极的影响。

美国成功学大师卡耐基曾经是一个非常顽皮的孩子，他小小年纪就失去母亲，后来父亲再婚，把继母带回家里的时候，当着卡耐基的面对继母说："卡耐基是全郡最坏的孩子！"但是继母并不这么认为，她当即纠正父亲的说法，说："卡耐基是全郡最聪明的孩子！"

怀有积极心态的父母会看到孩子身上的优点，而对于孩子身上某一点让他们不满意的地方，他们会对孩子加以引导，给予孩子帮助。而怀有消极心态的父母则会看到孩子身上的缺点和不足，对孩子采取否定的态度。即使孩子有很多的闪光点，他们也会视而不见，总是批评打击孩子，让孩子信心全无。就算随着年龄的增长，孩子最终长大成人，甚至成家立业，他们的行为也总会表现去唯唯诺诺的一面。

父母要始终记住一点，那就是每个孩子都是好孩子。他们也许在某个方面不能表现得出类拔萃，不能让父母满意，但是他们在大多数方面都是值得父母信任的。所以当孩子出现各种问题的时候，父母要采取积极的态度和有效的做法来帮助孩子处理这些问题，并且能够和孩子一起携手并肩地解决问题。父母要知道，每个孩子在成长过程中都会出现各种各样的问题，如果父母一味地指责和批评孩子，那么孩子就会变本加厉。反之，如果父母能够时刻赞美孩子，能够发自内心地尊重和认可孩子，那么孩子就会朝着父母所期望的方向发展，成为父母所期望的样子。

父母的言行举止都会在潜移默化中影响孩子。父母采取积极的态度，不但能给孩子更好地对待，而且也会为孩子树立积极的榜样，让孩子在面对很多问题的时候，也能积极勇敢地应对。

为了实现这一点，父母要控制好自己，在家庭生活中尽量减少对孩子发脾气的次数，要给孩子以温和坚定的印象，让孩子相信父母在面对很多问题的时候都能够圆满解决，他们才能获得安全感，也才愿意模仿父母的言行举止，让自己表现得更好。

给孩子自己做主的机会

　　放学回到家里，佳佳对妈妈说："学校里要报名参加社团活动，有书法、机器人、篆刻、美术等社团。"佳佳想征求妈妈的意见，确定报哪一个。妈妈想起佳佳在小学阶段，因为报名参加社团活动，她曾经与佳佳发生了一次冲突。那一次，妈妈想让佳佳学习书法，佳佳却偏偏要学画画。双方僵持不下，最终不欢而散。佳佳因为赌气，没有报名参加任何社团。这次妈妈可不想重蹈覆辙。她想了想，然后对佳佳说："还是由你来决定吧，社团活动应该是以兴趣为基础，你想学什么就学什么，我都支持你！"听到妈妈的话，佳佳感到非常惊讶，妈妈一直以来都是一个非常强势，而且控制欲很强的人，如今怎么会把这样的事情交给自己来做决定呢？佳佳疑惑地看着妈妈，妈妈笑着说："你长大了，很多事情都应该自己做选择了，妈妈相信你！"

　　吃完晚饭，佳佳对妈妈说："妈妈，我想报名参加书法和篆刻。这两个社团活动一个在周一，一个在周三。我值日是在周四，周五是班会课，所以什么都不耽误。"妈妈对佳佳的安排表示赞同，问佳佳："那么，你可以告诉我你为什么这么选择吗？"佳佳说："书法对我来说是非常重要的，因为书法写得好不仅可以增加卷面分，而且，字是一个人的门面，还会代表我的形象。另外，我之所以想学篆刻，是因为书法与篆刻两者之间是有关联的，它们可以相辅相成。"听到佳佳分析得头头是道，妈妈由衷地笑起来，说："佳佳，你真的长大了，思考问题非常全面。妈妈听你这么一解释，觉得你的选择是最优选择。"

得到妈妈的认可和表扬，佳佳也非常高兴。他兴致勃勃地报名参加了这两个社团活动，因为是他自己的选择，所以哪怕辛苦一些，他也没有怨言。而且他学习得非常认真，很快就篆刻出了自己人生中的第一枚印章，还把这枚富有意义的印章送给妈妈作为纪念呢！

在日常生活中，很多父母都会因为想操控孩子做选择，而与孩子发生争执，这是因为父母想要指挥孩子做出选择，孩子却想要发挥自主性去选择。特别是孩子在升入初中之后，自己的想法更多。在这样的状态下，父母与孩子之间很容易发生矛盾。实际上，父母要给孩子创造一些独立做主的机会，这是因为随着孩子不断地成长，他们对自主做决定的需求就会越来越强烈。对于小学中高年级或者是初高中的孩子来说，他们已经具有独立思考的能力了，可以针对一些事情做出判断，还可以分析很多选项的利弊。因此，在可以让孩子自主决定一些事情时，父母只是在必要的情况下给予孩子引导即可，但不要完全代替孩子做出选择，否则就会让孩子失去自主性，还会与孩子之间发生不必要的矛盾和冲突。

给孩子独立自主的机会，对父母来说并不是一件难事。只要父母能够适当放权，孩子就可以做出选择。虽然孩子的选择未必是最优选择，但这却是他们经过深思熟虑之后做出来的。在思考不同选项且权衡利弊的过程中，孩子的能力才会得以提高，学会预判事情的结果，这对于他们而言是很大的进步。

当孩子做出选择之后，父母要大力支持孩子。孩子在升入初中或高中甚至大学以后虽然想独立自主，但是他们并不具备完全独立的能力。在这种情况下，父母要给予孩子一定的助力。不管孩子做出的选择是否符合父母的预期，父母都有义务帮助孩子。有些父母因为孩子不听话而与孩子赌气，在孩子需要帮助的时候也不愿意帮助孩子，这会使孩子觉得非常孤单。也有一些父母对于孩子的表现不满意，就会对孩子各种苛责，甚至对孩子发泄自己的负面情绪，导致亲子关系紧张。这样的做法是非常消极的，无法起到良好的教育效果。明智的父母会采取积极的方法应对孩子，会选择对孩子放手，并且给予孩子支持。这样孩子即使撞了"南墙"需要回头，也是心甘情愿的，而不会因为被父母强迫就对父母有意见。

很多父母的抚育观念依然停留在孩子小时候，还采取对待婴儿的方式来对待日渐成长的孩子，这样的行为会让孩子感到非常不满。父母应该跟随孩子成长的脚步，与时俱进，更新教育观念，这样才能与孩子并肩前行。

越保护，越自卑

　　木木从小就在优渥的家庭条件中成长，但是他并不像很多孩子那样的阳光开朗，反而非常自卑，而且对很多事情都提不起兴趣来。爸爸妈妈都不知道木木为何会有这样的表现，也不知道木木的心结在哪里。眼看着木木一天天长大，进入了初中，看到木木总是长久地沉默，爸爸妈妈只好带着木木去看心理医生，因为他们担心木木长期这样下去会影响他的健康成长。

　　来到心理医生的诊室，木木明显地表现出一副抗拒沟通的样子。他蔫头耷拉脑地坐在治疗室的沙发上，甚至连眼皮都不愿意抬，仿佛是在告诉心理咨询师："你想问什么就赶紧问，问完，我就可以去干我自己想干的事情了。"心理咨询师意识到木木的不配合，他直截了当地问木木是否抗拒心理治疗，木木也很坦诚地告诉心理咨询师："我并不抗拒接受心理治疗，但是我认为心理治疗只是一种噱头，没有任何作用，只是浪费时间！"心理咨询师对木木这样毫不掩饰的回答反而有些欣赏，饶有兴致地与木木开始交流。

随着沟通的深入，木木把自己的心里话告诉了心理咨询师。原来，木木平日里看似不善言辞，可是他内心很悲观，居然想自杀。他认为自己活着没有任何意义和价值，既不能给身边的人带来快乐，也不能让自己得到满意。有的时候，他甚至觉得全家人都死去才是最好的结果。心理咨询师对木木这样赤裸裸地表白非常震惊。他这才意识到木木的心理问题是非常严重的。后来，他得知木木在休学的这两年之中，每天都非常苦恼，也非常绝望。

第一次沟通，心理咨询师只是了解了木木的一些想法，对于木木为何这么自卑和绝望并没有找到答案。后来，心理咨询师又和木木见了很多次面，进行了很多次心理治疗，这才知道木木觉得自己活着没有价值和意义，是因为爸爸妈妈已经把一切都安排好了，家中所有事情都不需要木木参与，所以他才会觉得自己是多余的。得知了木木的这个心结，心理咨询师认为自己找到了解开木木心结的方法。于是，心理咨询师就把这个重大的发现告诉了木木的父母，木木的父母听后非常震惊："我们辛辛苦苦打拼，为他安排好了一切，他居然为此而想要放弃生命，这简直太可笑了！有多少人都美慕他所拥有的一切，他却以这样的方式否定我们，看来我们还不如什么都不做，让家里穷得叮当响，让他什么都没有才好呢！"

爸爸妈妈充满抱怨意味的话，让心理咨询师忍不住笑起来，说："你们其实也有心理问题，需要接受心理疏通。你们搞错了一件事情，孩子的成长需要父母的陪伴，需要父母用心对待，而不仅仅是需要那些物质方面的条件。可能你们小时候物质匮乏，所以你们很看重物质，但是对于现在的孩子来说，他们并不为吃饱穿暖而发愁，所以他们的需求就转移到精神和情感方面，这是更高层次的需求。如果你们不能在这些方面满足他，他自然会觉得很失落，也会感到非常自卑。尤其是当看到同龄人和父母相处很愉快的时候，他更是会觉得自己的存在没有价值和意义。"在心理咨询师的开导下，父母认识到他们被思想误区困住了，也认识到他们必须先转变思路，才能与木木构建良好的亲子关系，才能改变木木觉得人生毫无意义的心理状态。

　　很多父母都想方设法地为孩子创造最好的生活条件，但是他们却不知道孩子为何不领情，甚至还会因此而出现一些心理问题。这是因为父母并不了解孩子的所思所想，也不知道孩子真正需要的是什么。正如心理咨询师所言，孩子在满足基本的生存需求之后，他们会有情感和精神方面的需求。这时候父母应该与孩子产生情感上的共鸣，经常与孩子进行精神上的沟通，从而加深对孩子的了解。

　　在这个世界上，每一个父母最大的愿望就是把自己认为最好的一切都献给孩子。例如给孩子最优渥的家庭生活条件，给孩子最优质的教育，给孩子最美满幸福的家庭关系，甚至为孩子打造一个最美好的人生。除此之外，他们也会给予孩子最好的保护。所谓最好的保护，就是满足孩子的吃喝拉撒和衣食住行，让孩子能够吃饱穿暖，平平安安地长大；等到孩子上学之后，父母又担心孩子在学校里因为太过软弱，会被其他同学欺负，所以父母会关心孩子交了什么样的朋友，也会限制孩子交往，仿佛这样就能够使孩子不受伤害；当孩子有一天大学毕业开始恋爱了，父母也依然对孩子不放心，他们会全方位地考察孩子的恋爱对象，生怕对方会伤害自己的孩子，也生怕自己的孩子在感情上会被对方愚弄，或者因为被抛弃而丧失自信心。不得不说，父母对孩子的爱是无微不至的，也是用心良苦的。但是在感受父母最伟大深沉的爱和最好的保护的同时，很多孩子也被父母的爱所压抑和束缚着。如果父母对孩子的爱失去了正常的限度，甚至超越了正常的限度，那么就会让孩子永远停留在小时候不能长大，也就是社会上人们常说的"妈宝"。

如今的社会上有很多独生子女，这也造成了一个很奇怪的社会现象，就是从一个家庭里有很多孩子到一个家庭里只有一个孩子，使得父母和长辈把所有的爱都集中到这个孩子身上。因此，孩子毫无悬念地成为了家庭生活的焦点和重心，这使孩子变得非常任性自私，以自我为中心，不管考虑什么问题，都从自己的需求点出发，根本不顾及别人的感受和需求。孩子之所以形成这样的性格特点，有很大原因是来自家庭，就是因为父母凭着本能去爱孩子，既没有收敛，也没有保留，这样的爱虽然出自父母的本能，却缺少了理性的思考，会在不知不觉间就犯了过度保护孩子的错误，让孩子自尊心和自信心都受到伤害。很多父母都不明白，孩子从小就在最好的生活条件中成长，为何还会这么自卑而且自立能力这么低下呢？这都是因为父母代替孩子做了很多事情，把孩子保护得太过严密周到，使孩子对社会生活不能适应。

在家庭生活中，父母应该创造条件，让孩子发挥能力，帮助父母去解决一些问题，也为家庭生活做贡献。如果父母总是把一切都安排得很好，那么对于年幼的孩子来说，这样享受父母的照顾是非常惬意的，但是对于年龄稍微大一些的孩子来说，就会觉得自己在家中没有任何用处，这种感觉显然是非常糟糕的。每个人存在的价值和意义都会激发他们生活下去的欲望。有很多人生活在很艰难的困境中，但是他们依然能够拼尽全力去坚持，就是因为他们觉得自己是被需要的。从这个意义上来说，父母要给孩子一种被需要的感觉，要为孩子创造更多的机会，让孩子实现自身的价值。这样孩子才能充满希望，才能感受到自己存在的意义。

现代社会，有一些在一帆风顺的环境下长大的孩子，他们顺利地从小学升入初中、高中、甚至大学，他们的学业可谓一帆风顺，但有时却突然做出令人震惊的举动，甚至有些孩子还会轻生，这是为什么呢？他们在学校里是典型的"学霸"，受到很多同学的羡慕和敬佩，他们的生活也非常充实，有自己的兴趣爱好，还有自己的朋友，但是他们内心却非常孤独，找不到自己存在的意义，这就会使他们的人生走向虚无。作为父母，不要只关注孩子的学习，而是要更关注孩子的心理健康，这样孩子才会健康的成长。尤其是不要无视孩子孤独的状态。很多父母都觉得孩子衣食无忧，还有很多同学和朋友，怎么会感到孤独呢？实际上这是对孩子生存状态的乐观估计，也是对孩子心理的误解。如今，很多孩子都觉得孤独，觉得自己的存在没有意义，这就需要父母帮助孩子创造价值，引导孩子实现人生理想，这样孩子的人生才会充实且有意义，孩子的未来才会更加美好。

懒孩子都是妈妈惯出来的

娜娜已经12岁了,小学刚刚毕业,正准备上初一。妈妈为娜娜报名了私立初中,这就意味着,娜娜上初一后就要开始独立的住校生活了。对于住校生活,娜娜非常抗拒。她不停地问妈妈:"妈妈,如果我不会洗衣服怎么办?妈妈,如果我不会刷碗怎么办?妈妈,我不会洗水果怎么办?"对娜娜的这些问题,妈妈感到啼笑皆非,她对娜娜说:"如果你一直在我身边,那么你就永远也不会做这些事情。你只有离开我去独立生活,才能在短时间之内让自己的独立能力得到提升。你放心吧,你一定会学会做所有的事情,也会把自己照顾得很好。"

娜娜对妈妈的话不以为然,生气地说:"你就是一个懒惰的妈妈,你因为不想继续照顾我,所以才把我送到私立初中。你看有多少妈妈会把初中的孩子送去住校呢,至少也要到高中吧,到高中我就能做很多事情,你想跟在我身边照顾我,我还不愿意让你跟着呢!"听到娜娜这么说,妈妈对娜娜说:"你说得对,我就是不想照顾你,因为你实在太懒了。我觉得你已经12岁了,可以独立做很多事情了,但是在我身边你就是不愿意去学，所以我只能把你送到学校里，让学校这个大熔炉来把你锻炼得更能干。"娜娜生气地走回房间，重重地把门关上，再也不想搭理妈妈了。妈妈也乐得清闲，让娜娜自己去冷静了。

　　生活中，很多孩子已经上到初中，甚至高中阶段，他们明明有能力做一些事情，但只是因为懒惰而不愿意去做，他们凡事依赖父母，让父母也觉得非常疲惫。就像上述事例中，妈妈之所以选择送娜娜去私立初中，未必是不想照顾娜娜，是因为妈妈想让娜娜更快速地走向独立，相对更好的教学条件则可以视为妈妈送娜娜去私立初中的一个福利。

　　妈妈说的很对，在父母身边的孩子很难长大，这是因为父母会无微不至地照顾孩子，孩子遇到任何问题的时候都可以求助于父母，所以他们就养成了懒于动脑和动手的坏习惯。在开启住校生活之后，孩子虽然每周，或者每几周、每个月都可以回家，但是毕竟他们不和父母在一起生活了，有很多生活中的小事都需要他们亲力亲为。在独立住校的日子里，他们再也没有依靠，除了靠着自己去做这些事情，并不能求助于他人，这就逼着孩子必须快速成长起来，这一点是毋庸置疑的。

　　实际上，孩子之所以懒惰，都是因为有一个太勤快的妈妈。在家庭生活中，妈妈承担了主要的家务事，会帮助孩子把很多事情都做好，所以孩子乐得清闲，乐得享受，也不想主动做一些事情。反之，如果妈妈非常懒惰，对于孩子能做的事情，妈妈坚决不代替孩子去做，而是要求孩子自己去做，那么孩子被逼得没有办法就只能自己动手。渐渐地，在"懒妈妈"的调教下，孩子各方面的能力就会发展起来，自理能力就会越来越强。

总之，父母要想教育出勤快的孩子，让孩子能够更加独立，在很多事情上能够做到自理，就不仅要改掉此前盲目勤快的坏习惯，还要有目的地保持懒惰，这样才能激励孩子更主动地去做一些事情。具体来说，父母要做到以下几点，才能让孩子更勤快。首先，孩子能做的事情让孩子自己做。很多父母在孩子小时候就已经养成了凡事为孩子代劳，事无巨细照顾孩子的坏习惯。实际上，新生儿和婴幼儿的确需要父母这样照顾，但是对于渐渐长大的孩子来说，父母这样无微不至的照顾并不利于他们成长，也不利于他们发展各方面的能力。对于孩子，父母要学会渐渐地放手，只有给孩子机会去尝试和练习，孩子才能有所进步，有所成长。

其次，要学会求助于孩子。很多父母在日常生活中习惯了把所有的事情都包揽下来，没有求助孩子的习惯。对于孩子来说，被父母需要的感觉是非常好的，这会使他们觉得自己的存在是有意义的。求助于孩子不但可以锻炼孩子的能力，还可以让孩子找到人生的价值和意义，可谓是一举两得。父母要在适当的时候向孩子示弱，也许父母最初向孩子求助时，孩子并不愿意对父母伸出援手，因为懒孩子是不愿意多费力气的。但是随着父母向孩子示弱的次数越来越多，孩子就会油然而生出一种自豪感，也会觉得自己帮助父母是一种神圣的使命，会更积极地为父母做一些事情。在相互帮助的状态中，孩子与父母的相处也会更快乐。

最后，创造机会让孩子分担家务，当好小主人。家庭生活中，很多事情都非常琐碎，如果父母把这些事情全都做好，一定会感到非常疲惫，那么这时就可以创造一些机会让孩子好好表现。例如在做家务的时候，可以对家务进行分工，每个家庭成员承担不同的家务活动，也可以为一些家务进行明码标价，由家庭成员竞拍承包。例如，日常的家务可以分配给家庭成员来做，对于一些比较特别的家务，则可以承包给孩子去做。这样孩子还会多一个赚钱的机会呢，而且参与家务的热情也会更加高涨。

人们常说，处处留心皆学问。因此，父母要想培养孩子的劳动能力，让孩子变得勤快起来，只要有心，就可以找到很多机会。孩子不可能永远依赖父母生存，他们总要独自面对这个世界，所以即使没有机会，父母也要创造机会培养孩子的独立能力，这才是对孩子真正负责的教育方法。

过度保护，会让孩子失去责任心

可乐今年已经 11 岁了，是一个很爱磨蹭的小女孩。每天早晨，她都需要妈妈喊好几遍才会起床，因为她的动作慢，总是会错过校车，这让妈妈不得不放下正在忙碌的家务，开车送她去学校。妈妈为此常常抱怨可乐有拖延症，但可乐对此不以为然，还常常因此和妈妈顶嘴，导致母女俩在去学校的路上时常发生争执。

每一次送可乐去学校，妈妈都告诉可乐："这是我最后一次送你来学校。你以后一定要加快速度！"但是这么做的效果并不好，妈妈发现随着她送可乐的次数越来越多，可乐爱磨蹭的毛病也越来越严重。到了最后，可乐索性决定不再坐校车，而是让妈妈每天开车送她去学校。可是，妈妈除了要做家务，还要工作，没有时间天天送可乐去学校呀，怎么样才能打消可乐的这个念头呢？在与可乐进行了一番争执之后，妈妈决定放大招，让可乐在受到教训的第二天就能够按时起床，坐校车去学校。那么，妈妈到底用什么大招来对待可乐呢？

当然，妈妈并不能当即想出一个有效的方法，她决定去咨询儿童心理专家。在了解可乐的行为表现之后，儿童心理专家当即下了一个结论：可乐的拖延症之所以这么严重，就是因为妈妈。妈妈感到很震惊，为自己辩解："我每天那么辛苦地给她做早饭，不厌其烦地喊她起床，还要送她去学校。我怎么会助长她的拖延症呢？如果说在这个世界上有人最希望可乐能够戒掉拖延症的，那这个人一定是我呀！"心理专家听了妈妈的话，忍不住笑着说："的确，在这件事上你具有双重作用，你既导致可乐的拖延症越来越严重，也是世界上最希望可乐能够戒掉拖延症的人。"然后，心理专家对可乐妈妈说："要想帮助可乐戒掉拖延症，你就不要再送她去学校。如果她错过了校车，那就让她自己搭乘公共交通工具去学校，这样一来，她肯定会迟到。但是没关系，让她承担迟到的后果，这样她才能意识到自己肩负的责任，也才能意识到自己不应该再因为拖延而给你添麻烦。当然，最重要的是，她在被老师批评之后，次日一定会早早起床，不再错过校车！"

听着心理专家条分缕析的话，妈妈感到非常怀疑，但是她又没有更好的办法，因而决定还是按照心理专家的建议去做。第二天，可乐又和往常一样赖床，妈妈只喊了可乐一次，没有再继续喊可乐起床。结果就是可乐起晚了，错过了校车，妈妈这次坚决不送可乐去学校。可乐急得都要哭出来了，妈妈有些于心不忍，但是她想起心理专家的话，还是很坚决地拒绝了可乐的请求。最终，可乐不得不搭乘公交车去学校，她走了很远的路才到了公交车站，公交车晃晃悠悠到站之后，可乐又走了很远的路才到学校。此时同学们都已经上完第一节课了，而可乐才走进学校的大门，她被老师狠狠地批评了一顿。

当天晚上回到家里，可乐非常沮丧。她质问妈妈："你为什么不送我去学校？"妈妈态度坚决地对可乐说："从今天开始，我再也不会送你去学校，除非没有校车。只要校车正常运行，你就必须坐校车去学校。"看到妈妈说得斩钉截铁，可乐没有更好的办法，只好接受了。第二天，可乐早早地就起床了，她起床之后不像往常那样磨磨蹭蹭，而是快速地穿衣服洗漱吃饭，在校车到来前十分钟，她就站在校车的站台下等待。就这样，妈妈目送着可乐坐着校车奔赴学校，一下子觉得满心轻松。

心理专家为什么说是妈妈助长了可乐的拖延症呢？就是因为每次可乐错过校车，妈妈都会无条件地送可乐去学校，这使可乐有了依赖，所以她也就不担心错过校车。正是在这种心态的影响下，可乐的拖延症才会越来越严重。在心理专家的建议下，妈妈采取了正确的方式，彻底断绝了可乐依赖妈妈的念想，让可乐相信只要不是校车停运，妈妈是不会送她去学校的，而且自己必须承担因为错过校车而迟到的后果。这样一来，可乐明白如果她不想再错过校车，不想再因为迟到而被老师批评，就只能早早起床，在起床之后就必须加快速度才能节省时间。其实11岁的孩子已经具备了很强的逻辑思维能力，对于很多事情他们会有基本的判断，因而只要父母采取正确的方式对待孩子，让孩子不对父母形成过度依赖，孩子就能够独立自主。

当有父母在身边包办一切的时候，孩子不管有什么问题，都会自然而然地向父母求助。如果没有父母在身边，孩子必须独自面对很多问题时，那么他们就会从娇弱无力的状态变得强大起来，他们会想方设法地解决各种问题，也会竭尽所能地让问题得以圆满解决。

很多父母都在无形之中低估了孩子的能力，他们觉得孩子没有能力做好很多事情，也不相信孩子会具有一定的弹性来调整自己。父母这样的想法是错误的，孩子的能力远远超乎父母的想象。孩子是一个非常有潜力的生命个体，他们在面对很多难题的时候，如果不能得到帮助，就会挖掘自身的潜力，主动寻求办法解决问题。

也有很多父母总是想方设法为孩子避免失败，他们觉得孩子一定不愿意承受失败的打击。的确如此，在这个世界上，没有人愿意承受失败的打击。但是，父母能够永远帮助孩子避免失败吗？与其把每一件事情都为孩子安排得很好，还不如让孩子独立去面对这些事情，即使遭遇了失败，对于孩子而言也是一种经验。孩子只有经历失败，才能快速地积累经验，真正地成长起来。

在家庭教育中，父母与孩子之间之所以会爆发冲突，是因为孩子的表现不能符合父母的预期，这样一来，父母就不得不为孩子弥补或者修正不尽如人意的结果。实际上，父母在凡事为孩子代劳的过程中，就已经对孩子进行了人为干预。对于孩子的成长而言，他们并不是一直需要人为干预，因为总是人为干预的话，就会限制他们自身能力的发展。如果想让孩子健康地成长，提升各个方面的能力，把一些事情做得更好，那么父母就要让孩子主动承担自然的后果，这才会激发孩子的内部驱动力，让孩子排除万难，坚持进步。

所有事情都会有结果，那么对于孩子来说，直截了当出现的结果就是直接和及时地反馈，是孩子最好的老师。来自外部的约束并不能让孩子形成自控力，只有这种直接出现的结果和及时地反馈，才能让孩子增强自控力。所以，父母不要试图把直接出现的结果和及时地反馈都从孩子的成长过程中消除掉，而是要允许后果自然地呈现在孩子面前，从而促使孩子形成自我管理的能力。当孩子可以做到自我管理，就无须再利用纪律严格地约束和管控，就能够享受更大的自由。

越是被父母过度保护的孩子，当他们长大成人，甚至参加工作以后越是会缺乏责任心。在孩子成长的过程中，明智的父母不会凡事都为孩子做得非常完美，对于那些孩子有能力处理的事情，父母会要求孩子独立去做。当孩子因为自身的原因而不能做好这些事情的时候。他就需要接受自己的行为带来的后果，也应该为自己的行为负责，这样才能培养孩子的责任心，增强孩子的责任感。

第三章

制定规矩,
让孩子明确行为边界

　　孩子在成长过程中是一定需要规矩的,因为孩子的本能就是渴望获得自由。在自由的环境中,他们可以随心所欲地做任何想做的事情,但是没有规矩不成方圆,只有为孩子制定规矩,让孩子明确行为边界,孩子才能把握好行为尺度。当孩子自由有度,行为有界,父母与孩子之间就会减少冲突,避免矛盾。

没有规矩，不成方圆

早在初中一年级的暑假军训期间，乐乐就给老师留下了非常好的印象。老师在军训即将结束准备进行汇报时，还特意邀请乐乐妈妈去学校里参加汇报，并且作为家长代表接受电视台的采访。那么，乐乐到底是如何表现的，才能给老师留下好印象，让老师知道在乐乐的背后有一个非常优秀的妈妈的呢？

后来，老师专门针对这个问题和妈妈进行过沟通。老师对妈妈说："乐乐在军训期间的表现非常好，温和有礼，尤其是在很多细节方面做得特别周到。例如中午在食堂吃饭，有些同学会把饭菜撒到桌子上，有些同学吃完饭就离开了，而乐乐每天吃完饭之后都会把饭菜吃干净，还会把桌子也擦干净。在军训学习期间，乐乐会保持桌面整洁，会在用完东西之后放回原处。"老师感慨地说："看到孩子的表现，就知道您一定是个非常优秀的妈妈！"妈妈笑起来，带着一点点的骄傲和自豪说："其实，我是因为有点小洁癖，所以对孩子的要求比较严格。我在教育孩子方面并不会一直盯着孩子，而是给孩子设定一个行为框架，例如要求他把用完的东西物归原处；要主动把该做的事情做好，这样能够避免被父母催促；希望他在做错了事情之后，能够主动承认错误，也能够主动承担责任。这都是一些应有的规矩，一开始乐乐并不能做得很好，但是随着坚持的时间越来越长，乐乐渐渐地养成了良好的习惯。"

在一个有规矩的家庭里长大的孩子，他在各方面的表现都会非常好。如果孩子在家庭生活中从来没有规矩约束，那么他们的表现就会非常糟糕。每一个父母都希望孩子的行为表现得中规中矩，但是，要想让孩子言行规范并不是一件容易做到的事情，而是需要父母在教养孩子的过程中，坚持对孩子进行规范教育，制订一些规矩让孩子执行。长此以往，孩子才能形成好习惯，自然而然地坚持做好很多事情，并始终遵循这些规矩和习惯。

也有父母感到非常为难，因为他们不知道怎么做才能给孩子制定规矩。实际上，给孩子制定规矩是需要方法的，不要以为只要给孩子制定规矩，就是不爱孩子的表现。现实告诉我们，父母越是爱孩子，越是要严格要求孩子，让孩子在爱与规矩中成长，这样孩子才能自由有度，也才能因为遵守规矩而获益良多。

具体来说，父母教育孩子制定规矩的时候，要遵循以下的几个原则。首先，在制定规矩的时候要征求孩子的意见，尤其是对于年龄大一些的孩子来说，父母可以邀请孩子一起参与制定规矩。这是因为很多孩子也许会排斥和抗拒父母为他们制订的规矩，但是对于他们亲自参与制订的规矩，他们往往会更积极地遵守。在制定规矩的过程中，遇到有分歧的时候，父母可以倾听孩子的意见，了解孩子的真实想法，从而与孩子达成一致。

其次，规矩应该是适用于全家人的。在很多家庭里，都存在只许州官放火，不许百姓点灯的情况。父母总是高高在上，认为自己在家庭生活中享有很多特权，而对孩子发号施令，对孩子提出各种要求。随着孩子不断成长，他们要求平等的意识越来越强，他们希望在民主和谐的家庭中长大，也希望父母在要求他们之前，自己就能够先做好表率。所以父母要为孩子树立良好的榜样，这样才能在孩子面前树立权威，让孩子愿意和父母一起遵守规矩。

再次，在制定规矩的过程中，除了要规定孩子遵守规矩将会得到怎样的奖励的同时，也要规定孩子如果违反规矩，将会受到怎样的惩罚。这样，当孩子违反规矩的时候，父母就可以坚决地要求孩子必须接受惩罚，这对于孩子来说是很有意义的。有些父母虽然在制定规矩的时候很慎重，也严肃地向孩子宣布了规矩，但是当孩子违反规矩的时候，父母却因为心疼孩子不愿意惩罚孩子，这样只会导致孩子从来不把规矩放在眼里，对规矩不以为意，自然也就不会遵守规矩。孩子只有遵守规矩才能更快乐地成长，才能明白自由有度，所以父母既要为孩子制定规矩，也要狠下心来，当孩子在违反规矩之后接受惩罚。

最后，不忘初心，方得始终。父母制定规矩，一定不要忘记自己最初的目的。父母制定规矩的目的是希望能够规范孩子的言行，让孩子在各个方面表现得更好，而不是为了惩罚孩子。既然如此，父母在制定规矩的时候，就不要以惩罚孩子为主，而要以规范孩子的言行为主。为了能够实现初心，父母可以用一些其他的方法来替代惩罚，也能够起到良好的效果。

例如，在孩子违反规矩之后，父母可以采取没收孩子东西的方法。可以是没收孩子喜欢玩的玩具，或者是取消孩子玩游戏的时间。对于孩子来说，这些做法都能够让他们长记性，把规矩记得更牢，只有这样他们也能主动遵守规矩。

如果孩子们正处于初中或高中阶段，那么在孩子违反规矩的时候，父母还可以与孩子进行和平的谈判。在谈判的过程中，父母要本着尊重和平等对待孩子的原则，倾听孩子的心声，要把孩子当成朋友一样与之进行沟通，重视孩子的不同意见，最终与孩子达成一致，从而解决矛盾。

当然，有时候矛盾的发生并不在家里或者是其他的固定场所，而是有可能发生在一些特别的时刻。作为父母，当开车的时候与孩子发生矛盾和争执时，一定要注意安全问题，切勿一边开车一边和孩子争吵。作为司机，父母必须控制好自己的情绪，以免情绪失控。如果条件允许，可以当即把车停在安全的地方，和孩子就某个问题进行充分地沟通之后，彼此达成一致，待情绪恢复平静，再开车前行。

虽然孩子常常为父母制造各种各样的麻烦，但是父母不要把孩子视为一种累赘，而是要多多地体谅孩子，理解和包容孩子。常言道："金无足赤，人无完人。"毕竟孩子还小，缺乏人生的经验，对于很多问题的理解也没有那么深刻。父母可以与孩子更好地沟通。对于孩子而言，只有与父母更好地沟通，他们才能敞开心扉，说出心中想说的话；对父母而言，只有听到孩子的心声，他们才能了解孩子，也才能与孩子达成和解。

总而言之，不管父母的家庭教育观念多么先进，也不管父母对于教育的原则多么坚持，一切的家庭教育或者是其他的教育措施，都必须通过沟通才能得以执行。父母要重视与孩子之间的沟通，这是为孩子确立规矩的基础，也是规范孩子言行的前提。

让孩子明确行为边界

鹏鹏今年6岁，是一个非常可爱的男孩。他从小由爷爷奶奶带大，爸爸妈妈因为忙于工作，只有在周末的时候才会去爷爷奶奶家看望鹏鹏。爷爷奶奶非常疼爱鹏鹏，不管鹏鹏有什么愿望，爷爷奶奶都想方设法地满足鹏鹏。有的时候，即使鹏鹏任性胡闹，爷爷奶奶也会包容他。渐渐地，鹏鹏养成了以自我为中心，不尊重长辈的坏习惯。

周末，爸爸妈妈去爷爷奶奶家看望鹏鹏，奶奶做了鹏鹏最爱吃的松鼠鱼，鹏鹏吃着松鼠鱼，感到非常满足。看到鹏鹏快要吃饱了，奶奶把剩下的松鼠鱼夹了一大块儿给爷爷吃，鹏鹏马上哭闹起来，喊道："不许吃，不许吃，这是我的松鼠鱼！"说着，鹏鹏还挥舞起手来，对着奶奶的胳膊打了好几下。看见鹏鹏这样的表现，爸爸妈妈非常震惊，爸爸当即放下碗筷，把鹏鹏拎到一旁，严厉地质问鹏鹏："你为什么要打奶奶呢？"鹏鹏因为奶奶把松鼠鱼夹给了爷爷，气得哇哇直哭，委屈地说："那是我的松鼠鱼！"爸爸马上纠正鹏鹏的错误："那是全家人的松鼠鱼，每个人都可以吃。虽然你爱吃，但你不能独享。而且松鼠鱼本身就是奶奶给你做的，你不但没有感谢奶奶，还打了奶奶，小朋友怎么能打长辈呢？！"鹏鹏并没有认识到自己的错误，气鼓鼓地说："谁让奶奶把松鼠鱼给爷爷的！"看到鹏鹏不知悔改，爸爸狠狠地打了鹏鹏的屁股两巴掌。鹏鹏哭得更加伤心了，奶奶赶紧过来制止爸爸，说："你干嘛呢？孩子还小，长大就好了！"爸爸满脸通红地说："如果现在就这样，不知道尊重长辈，不讲道理，长大只会变本加厉，怎么会好呢？"

爸爸坚持让鹏鹏给爷爷奶奶道歉，鹏鹏却执拗地不愿意道歉，爸爸只好惩罚鹏鹏不许吃饭，还让鹏鹏面壁思过。半个小时之后，鹏鹏站累了，就靠着墙壁坐在地上。爸爸把鹏鹏拎着站起来，又开始给鹏鹏讲道理，这个时候，爷爷又来帮助鹏鹏打圆场。爸爸严肃地对爷爷说："爸，您快走开吧！您和妈很辛苦地为我们养育孩子，但是教育孩子是我们作为父母的责任，可不能打折扣。"用了整整一个下午的时间，爸爸终于让鹏鹏认识到了爷爷奶奶照顾他非常辛苦，鹏鹏应该主动把好吃的东西孝敬给爷爷奶奶吃。鹏鹏哭着和爷爷奶奶道歉，奶奶心疼鹏鹏，赶紧把鹏鹏抱在怀里擦眼泪。从此之后，鹏鹏再也没有凶爷爷奶奶，而且以后也没再对爷爷奶奶动手了。

很多负责带养孩子的老人，都会因为隔代疼爱孩子，纵容孩子，哪怕孩子做出了错误的举动，老人也不会严厉批评孩子。渐渐地，老人的骄纵使孩子不尊重长辈，甚至还会打骂长辈，这对于孩子的教育是非常糟糕的。当孩子出现不礼貌的行为时，作为父母，一定要严格地为孩子确立行为边界。当孩子情绪冲动的时候，可以给予孩子一定的时间，让他们从激动的状态恢复到冷静的状态。父母可以让孩子留在自己的房间里，或者从孩子的身边离开，这样孩子就能够渐渐地恢复平静，也能更理性地反思自己的错误。在上述事例中，爸爸看到鹏鹏一直不承认错误，就让鹏鹏面壁反思，实际上就是给了鹏鹏一个冷静自己情绪的过程，同时给了鹏鹏时间，让鹏鹏能够深刻认识到自己的错误，最终承认错误，向爷爷奶奶道歉，改正错误。

父母虽然爱孩子，但不要溺爱孩子。爱孩子可以在生活方面更好地照顾孩子，也可以给孩子提供优质的教育条件，但不要对孩子无限度容忍，也不要无底线地包容孩子的一切错误行为。否则这就不是爱，而是溺爱，这就不是包容，而是纵容。作为父母，一定要分清楚爱与溺爱、包容与纵容的区别，才能坚持原则，为孩子确立行为边界。在上述事例中，鹏鹏的爸爸就是一个很讲原则的人，他看到鹏鹏不但不给爷爷吃松鼠鱼，而且还打奶奶，意识到问题的严重性，当即就对鹏鹏开展思想教育。

有的父母觉得孩子才几岁并不会刻意地做出不好的行为，所以他们会对孩子无限度地包容，总觉得等到孩子长大了，在各个方面的表现就会更好。实际上，这样的想法是完全错误的。如果孩子从小就养成了坏习惯，形成了错误的思想观念，也做出了错误的举动，而没有得到及时纠正，那么等到孩子长大之后，就很难再纠正过来。父母对于孩子的教育问题一定要有紧迫感，当发现孩子做出恶劣的行为时，要及时为孩子指出错误，引导孩子改正错误。

为孩子确立行为边界之后，父母就可以与孩子针对很多问题达成共识。那么，行为边界有哪些呢？其实，行为边界表现在生活中的各个方面。例如，有些父母要求孩子必须讲礼貌，看到长辈要主动问好；有些父母要求孩子每天都要洗澡，否则不可以上床睡觉；有些父母要求孩子一放学就要开始写作业，而不能先玩或者先吃东西。这些行为边界都是父母对孩子做出的一些合理的规定，而且能够被孩子接受。在孩子违反这些规矩，突破行为边界时，父母要及时提醒，督促孩子严守行为边界。

除了要让孩子遵守行为边界之外，父母也要帮助孩子形成行为边界，也就是要教会孩子做人做事要遵守的原则和底线。有些孩子没有原则和底线意识，常常会做出出格的举动，伤害他人。反之，当孩子的行为边界被侵犯时，父母还要教会他们如何应对。当一个孩子能够遵守自己的行为边界时，那么他就能够更自在地生活。

规矩要适用于所有家庭成员

子衿已经 9 岁了，正在读小学三年级。因为爸爸下班比较晚，所以子衿每天晚上总是要等到爸爸下班之后和爸爸玩一会儿，才会睡觉。有的时候，爸爸回到家里之后，会先洗澡再吃点东西，等到跟子衿玩的时候，时间就已经很晚了，这使子衿睡眠不足，精神倦怠。

三年级的课程任务也比较重，因为每天晚上睡得晚，子衿早晨起床会很困难，上午上课时常常哈欠连天。看到子衿这样，老师决定联系子衿的妈妈了解情况。妈妈把子衿每天晚上睡觉很晚的事情告诉老师，老师说："难怪他每天都哈欠连天呢！他晚上睡得这么晚，白天肯定会觉得困倦。现在课程很重，如果他常常在课堂上走神，就有可能错过一些知识点。我建议您要为他规范作息时间，让他晚上早一点睡觉。这样他第二天上课才有精神，也能够集中注意力听讲。"妈妈觉得老师说得很有道理，当天晚上回到家里就要求子衿晚上九点钟必须洗漱，九点半准时睡觉。这和子衿平时十一点多才睡觉相比，多了两个小时的睡眠时间。但是子衿不愿意配合，他对妈妈说："我还没有见到爸爸呢！你们都不睡觉，我为什么要睡觉？我要和你们一起睡觉！"

妈妈只好想办法解决爸爸下班晚、睡觉晚的问题。为了让爸爸下班之后很快就能睡觉，妈妈为爸爸准备了便当，让爸爸在单位吃晚饭，又让爸爸和单位领导商量，提前半个小时下班。这样一来，爸爸从九点下班改成了八点半下班，他大概九点回到家里洗漱之后，正好九点半熄灯，全家一起睡觉。看到家里在九点半准时进入睡眠的状态，子衿没有继续提意见，而是乖乖地配合。经过一个星期的纠正之后，子衿每天都准时九点半睡觉，第二天上课再也不会打哈欠了。

在家庭生活中，父母如果总是当着孩子的面享受特权，那么孩子就不愿意听父母的话，更不愿意遵守父母所制订的规矩。父母要想让孩子遵守规矩，首先自己要做到遵守规矩，成为孩子的榜样，对孩子起到积极的推动作用，这样孩子才能顺从父母，和父母一起遵守规矩。上面的事例中，妈妈只要求子衿早早睡觉，其实这是很难做到的。如果爸爸妈妈不能和子衿一起熄灯睡觉，那么家里就难免会有一些声响，子衿没有良好的睡眠环境，还会觉得爸爸妈妈享有特权，不利于规矩的执行。

规矩一定要对所有家庭成员都适用，才能起到最好的效果，因为每个人都希望获得公平的对待。孩子虽然小，却也不希望总是被父母发号施令，接受父母的各种安排，他们渐渐地成长，越来越有主见，也希望按照自己的意愿去决定一些事情。在这种情况下，父母既要给予孩子独立自主的机会，也要给孩子权利，让孩子能够主动安排好一些事情。

针对一些年龄比较大的孩子，在制定规矩的时候，可以请孩子一起参与制订，但是等到规定制订之后，就要要求孩子必须严格遵守规矩。"王子犯法，与庶民同罪。"在家庭生活中正是需要这样的秩序。当孩子触犯规矩的时候，父母要严厉地惩罚孩子，前提是当父母触犯规矩的时候，父母也要严厉地惩罚自己，这样孩子才会无话可说，也不会对父母的处罚持反对意见。

家庭生活是非常琐碎的，方方面面都需要进行协调。如果父母不能预先为孩子制定规矩，而总是等到问题出现的时候，再和孩子商讨如何解决问题，那么生活就会陷入忙乱无序的状态之中。如果父母能够未雨绸缪，在很多问题没有发生的时候就先与孩子一起制定规矩，那么一旦问题发生，就按照规矩来办。最重要的是，孩子接受规矩的约束，也会收敛自己，规范言行，那么违反规矩的次数将会大大减少。由此可见，预先制定规矩可以让家庭生活进入良性循环之中，而如果滞后制定规矩，则无法让规矩起到最好的效果，还会让全家人都非常被动。所以父母一定要提前制定规矩，让规矩在家庭生活中起到最好的作用。

父母要带头遵守规矩

为了让生活有仪式感，妈妈在家里制订了很多规矩。例如在结婚纪念日的时候，爸爸要送妈妈礼物；在妈妈生日那天，全家人都要送妈妈礼物；在豆豆生日的时候，豆豆除了接受礼物，吃生日蛋糕之外，还要感谢妈妈对他的生养之恩。逢年过节的时候，规矩就更多了，尤其是每年的父亲节母亲节，妈妈都要求豆豆必须对爸爸妈妈有所表示。

眼看着要到母亲节了，妈妈一直在等着豆豆给她礼物。母亲节当天，豆豆放学回到家里两手空空，甚至都没有和妈妈说一句"母亲节快乐"，妈妈很生气，抱怨豆豆不知道感恩。这时，豆豆对妈妈说："今天是母亲节，您有没有给姥姥送礼物呢？"豆豆的话把妈妈给问住了，她瞪大眼睛，张大嘴巴，不知道如何回答。豆豆狡黠地说："如果您没有给姥姥送礼物，那么为什么要求我给您送礼物？您是姥姥生的，您也要为姥姥过母亲节呀。"妈妈这才醒过神来，对豆豆说："你批评得很有道理，我也应该为姥姥准备礼物。这次我没有做好，所以我不批评你，下一次希望我们都能做好！"

很快又到了父亲节，豆豆在父亲节这天为爸爸画了一幅画。放学回到家里，他把这幅画送给爸爸，正准备问爸爸有没有给爷爷送礼物时，妈妈把爸爸为爷爷买的衣服拿给豆豆看，对豆豆说："今天晚上我们都去爷爷奶奶家吃饭，陪爷爷奶奶过节，好不好？"豆豆这才没吭声，高兴地点点头，还冲着妈妈竖起了大拇指。从此之后，豆豆总会记住各种节日，也会在节日到来之前为爸爸妈妈准备礼物，而爸爸妈妈呢，有了豆豆这个小小的监督者，他们也不懈怠，一个节日都没有落下。后来，他们还把爷爷奶奶和姥姥姥爷聚集在一起，过了一个集体生日呢。在爸爸妈妈的影响下，豆豆越来越尊重老人，而且能够关注到很多细节，在礼节方面做得非常周到。

父母给孩子制订的规矩，如果父母都不能做到，而只要求孩子必须做到，孩子小时候也许并不会和父母攀比，但是随着不断成长，孩子就会发现父母做得不好的地方，会对父母感到非常不满。当父母要求他们遵守规矩的时候，他们还会因此与父母顶嘴，认为父母没有权利对他们提出这样的要求。有些父母教育孩子的方式简单粗暴，会直接批评孩子，不让孩子对父母提出要求，但是有些父母很民主，就会知道孩子这样质疑是很正常的，这说明孩子的智力得到了发展，也说明孩子能够对家庭生活中的一切进行仔细观察。父母要积极地解决问题，例如事例中豆豆的妈妈和爸爸，在被豆豆质疑之后，他们非但没有恼羞成怒地批评豆豆，反而还当即改正错误，在又一次到来的父亲节里，给爷爷准备了礼物，还要陪着爷爷奶奶一起过节，有爸爸妈妈这样的好榜样，豆豆怎么会不遵守规矩呢？

家庭生活中有各种各样的规矩，例如早晨几点吃饭，谁来洗碗拖地，谁来为家里做一些修理工作，这些都是需要规矩来规定的。很多孩子都喜欢拖延，常常会因为磨磨蹭蹭导致上学迟到，那么父母也要为孩子制订行为规矩。当父母早早地起床，为孩子做好榜样，并且能够加快动作，完成穿衣洗漱吃饭等事情，每天都能够提前到单位去工作，那么孩子看到父母这样的表现，一定也会督促自己有更好的表现。

家庭生活中，每个人虽然是独立的个体，但也是一个密切相关的整体。父母只有给孩子树立好的榜样，给整个家庭积极的推动力，孩子才能在这种氛围之中和父母一起做出更好的表现。尤其是在遵守规矩的时候，父母更是要给孩子做好榜样，毕竟人的本能就是崇尚自由，而遵守规矩就要收敛自己的自由本性，让自己的言行举止更加符合规矩的要求。孩子的自控力是有限的，父母做好榜样，才能让孩子更好地控制自己，做出更积极的表现。

在大自然中，很多动物都存在群羊效应。所谓群羊效应，即要想控制羊群，就要抓住领头羊，把领头羊带到什么地方去，其他羊群就会跟到什么地方去，表现得井然有序。在家庭生活中也需要群羊效应，而父母就应该当好"领头羊"。有些父母积极向上，从来不甘心屈服于现状，积极面对生活中的各种挑战，给孩子做好榜样，那么孩子也会变得非常积极，遇到困难会迎难而上，蓬勃成长。反之，如果父母对生活总是怀着消极的态度，满怀抱怨，不管遇到什么事情，第一时间就想放弃，那么孩子就会受到父母的消极影响，在生活中表现得非常颓废沮丧。总而言之，父母想为孩子制定规矩，引导孩子遵守规矩，就要以身示范，当着孩子的面坚持遵守规矩，这样才能在无形中给予孩子积极的力量，让孩子在遵守规矩方面做得更好。

孩子从自由散漫的状态过度到遵守规矩，一开始可能会觉得难以接受，会觉得自己的本能被压抑，自由散漫的行为不得不收敛，但是随着时间的延长把这一切做得习惯成自然了，就不会再觉得很难做到，而是能够顺其自然地做到，让规矩起到最佳的效果。

有规矩，才有自由

周五晚上，乐乐放学回到家里就开始写作业。他整个晚上都伏案疾书，写完了大部分作业，到了周六上午，他又完成了剩下的作业。整个周六下午，他可以自由自在地玩游戏，爸爸妈妈都不会管他。很多同学和乐乐约好在网上玩游戏，但是他们只能玩一个小时，就要去写作业了，但乐乐能够玩整个下午，他们都非常羡慕。他们问乐乐："你为什么有这么多时间玩游戏呢？"乐乐笑着说："这是因为我已经完成作业了。我和爸爸妈妈约定好的，只要周五晚上和周六上午能够完成作业，周六下午就可以痛痛快快地玩游戏。周日我会去上课外班，周日下午完成课外班的作业。"听到乐乐的回答，同学们开始反思自己的表现。原来他们每次完成作业都需要父母不停地催促，平日里还好，放学回到家里就写作业，可一旦到了周末，因为觉得时间很多，他们就会不停地拖延，导致根本不能及时完成作业，就更谈不上有时间去玩游戏了。

期中考试，乐乐考取了全班第一的好成绩，妈妈作为家长代表和全班同学的家长分享教育经验。很多家长都对孩子拖延的问题非常烦恼，乐乐妈妈分享了和孩子一起制定规矩的好方法，并且对其他家长说："如果孩子因为犯了拖延的毛病而导致作业没有完成，不要为孩子担心，这是孩子没有遵守规矩导致的结果，就让他们拿着没有完成的作业来学校接受老师的批评，这岂不是他们应该得到的教训吗？"家长们恍然大悟，原来他们在平日里发现孩子拖延写作业的时候，就会反复催促孩子，所以孩子经常拖延，可是作业拖到最后也没有完成。乐乐妈妈感慨说："其实，孩子的拖延症之所以越来越严重，就是因为我们做父母的不能放手。如果我们能够及时对孩子放手，让孩子承担拖延引起的后果，那么孩子就会有所收敛。否则，如果父母总是给孩子兜底，在孩子没有犯错误之前，就帮助孩子避免后果，那么孩子就不会认识到他的错误，他也无须承担责任，这对于孩子来说当然不能起到良好的教育效果。"

现实生活中，很多父母都有与孩子发生冲突的经历。有些冲突是因为一些重要的事情引起的，而有些冲突的起因只是一些简单的小事。如果父母从来没有为孩子制定规矩，那么就要每时每刻跟在孩子身后催促，这会使得父母和孩子都觉得非常疲惫，还会彼此厌烦。所谓有规矩才有自由。如果父母能够为孩子制定规矩，并且督促孩子养成遵守规矩的好习惯，那么，孩子就能够在规矩的约束之下，享受更大限度的自由，这对孩子的成长无疑是很有好处的。

在为孩子制定规矩的时候，父母还要避免进入一个误区，那就是不要依靠规矩约束孩子，而是要利用规矩激发孩子的自我管理能力。孩子只有形成内部驱动力，才会在没有父母催促的情况下，主动地遵守规矩，这才是教育最理想的效果！

　　细心的父母会发现，父母与孩子之间的冲突大多数都是由不值一提的小事引起的，这是因为父母总是盯着孩子身上的小事，不给孩子任何的自由，使孩子有被父母压迫的感觉。实际上，父母在对孩子进行教育的时候，应该采取"抓大放小"的原则。那就是关注孩子大的方面，用规矩框定孩子的成长方向，而不要总是揪着孩子行为表现的细枝末节不放，否则既会引起孩子反感，也会让父母感到很疲惫。

　　毋庸置疑，生活就是由一些琐碎的事情组成的。孩子每天早上起床要穿衣服洗脸刷牙，每天晚上回到家里要写作业洗澡睡觉。除此之外，他们还要做很多事情，这些事情都需要孩子认真完成。父母在教育孩子的时候，没有必要围绕着一些小的问题纠缠。这是因为个人的时间和精力是有限的，父母也不可能全天24小时负责照顾和教育孩子。父母有自己的工作，还要做家务，因而要分清楚事情的轻重主次，在对孩子开展教育的时候，把握好原则，这样才能节省力气，提高效率。

　　在给孩子制定规矩的同时，父母要舍弃那些可有可无的目标。就是有些事情既然不是孩子必须做的，而是作为一种可选择的项目，那么就要给孩子自由，让孩子根据兴趣做出选择。很多父母总是把孩子的生活事无巨细地安排好，这恰恰剥夺了孩子自由的权利，也让孩子失去了锻炼的机会。只有给孩子适度的自由，才能让孩子从接受父母安排的一切到能够自主地做出选择，从而让孩子养成更强的自理能力。父母即使再爱孩子，也不可能掌控孩子的一生。父母固然可以对孩子提出更高的要求，但是实现要求的主体却是孩子，所以孩子才是真正决定能否达到要求的关键人物。

　　在孩子成长的过程中，很多问题并不是非对即错、非黑即白的。例如孩子不喜欢吃蔬菜，父母却强求孩子必须吃蔬菜。其实蔬菜有很多品种，孩子不可能不喜欢吃所有的蔬菜，那么如果孩子只是不喜欢吃豌豆，而更喜欢吃西兰花，那么父母就可以让孩子多吃一些西兰花也无妨。例如孩子可能不喜欢吃土豆，但是却很喜欢吃胡萝卜、山药，那么父母就可以给孩子多吃一些胡萝卜和山药，同样能够补充营养物质。父母在处理孩子的教育问题时既要灵活，也要尊重孩子与众不同的个性，这样才能满足孩子个性化的需求。

　　父母在为孩子制定规矩的时候，要给孩子适度的自由。如何把握规矩和自由之间的尺度，使孩子在规矩和自由之间能达到平衡的状态，这是父母需要根据孩子的具体情况认真斟酌和仔细权衡的。孩子是一个不断成长的个体，他们的情况处于千变万化之中，虽然会符合一定的成长规律，但是也会有个体不同情况表现出来，所以父母要以发展变化的眼光看待孩子，这样才能跟上孩子成长的脚步，在教育孩子的过程中给予孩子更加强大的助力。

第四章

接纳孩子的所有，
爱自己爱孩子

对于父母而言，最难的事情是什么？不是辛辛苦苦地抚养孩子长大，担心孩子是否会发生危险，能否平安健康，而是要接受孩子的普通和平凡。在大多数父母心中，自家的孩子都是出类拔萃、与众不同的。遗憾的是，在孩子成长的过程中他们会发现，原来孩子并不像他们想象的那样优秀，这使父母的心中产生了很大的落差，他们不得不逼着自己接受孩子平凡的现状。实际上，这并不是因为孩子的发展和成长出现了问题，而是因为父母高估了孩子，对孩子寄予了过高的期望。

在父母过高的期望与孩子平凡的表现之间，产生了各种矛盾与冲突。父母要想与孩子建立良好的亲子关系，让亲子感情更深厚，就要摆正心态，接受孩子的普通和平凡。不但要爱孩子，也要爱自己，让家庭生活充满爱与自由，让孩子快乐地成长。

每个孩子都是被上帝咬过一口的苹果

乐乐原本就不是很擅长数学，进入初二之后，他在数学方面表现出了很大的欠缺，初一阶段，因为数学所学的内容比较简单，所以乐乐的成绩在班级里还是首屈一指的。到了初二，进入了数学难点的关键期，加上没有做好预习准备，乐乐在学习数学上非常吃力，学习成绩也出现了大幅度下滑。

为了帮助乐乐提升数学成绩，妈妈不惜花费重金给乐乐报补习班，甚至还请了数学老师一对一地教授乐乐。果然功夫不负有心人。乐乐的数学成绩有了提升，这让妈妈略微放下心来。但是，新的问题接踵而来。乐乐非常胖，常常因为体育成绩不能达标而被老师批评。看着胖乎乎的乐乐，妈妈很发愁，虽然妈妈想出了各种办法来帮助乐乐减肥，但是效果却并不明显。

除此之外，妈妈觉得乐乐有些过于情绪化。虽然乐乐已经13岁，但是他常常会随性地发脾气，有的时候犯起倔来，根本不讲道理。如何才能与乐乐更好地沟通和相处呢？有一次，妈妈被乐乐抢白，生气地抬起手打了乐乐几巴掌，乐乐竟然险些和妈妈动手。幸好当时有爸爸在家，乐乐才有所收敛。看着脾气暴躁的乐乐，妈妈决定要改变乐乐，让乐乐成为一个身材健硕、精神抖擞、性格温和的小伙子。

在数学成绩得到提升之后，乐乐的综合成绩又回到班级第一的水平，但是妈妈对于乐乐的成绩还有更高的期望。也正因为如此，妈妈常常会抱怨乐乐，会与乐乐之间发生矛盾，这使妈妈和乐乐都非常苦恼。有一次，妈妈和乐乐班级里的一个家长说起自己的烦恼，那个家长惊讶地说："我们都羡慕你有这么优秀的儿子，你怎么还这么多苦恼啊，那让我们这些学渣的家长怎么活呢？你可要知足啊！"妈妈这才意识到，一直以来她对乐乐的要求都很高，也许这正是导致亲子冲突频繁发生的原因。

在孩子小时候，父母总是对孩子寄予过高的期望，他们希望孩子出类拔萃，希望孩子在各个方面都有特别好的表现，能够把别人远远地甩在后面，也希望孩子能够对父母言听计从。然而，随着孩子不断成长，父母会发现自己的愿望一一落空。首先，孩子并不是与众不同的人中龙凤，而只是普普通通的人。他们虽然有优点和特长，但是也有缺点和不足，所以家长要学会接受孩子的平凡。其次，孩子在人群中很容易被淹没，不能鹤立鸡群，这是因为他不具备独特的天赋，并非天生就卓尔不群。最后，孩子虽然在很多方面都表现不好，但是父母还是希望他们能够性格温和，孝敬父母。遗憾的是，即使这一点愿望也会落空。孩子在进入青春期之后，父母会发现原本很听话懂事的孩子，不知何时学会了和父母针锋相对，对父母所说的话不以为然，这让父母对孩子更加失望。

　　当发现孩子在很多方面都不能让自己感到满意的时候，父母对孩子难免会生出怨言，会指责孩子，实际上这样的抱怨和指责是根本没有必要的。古人云："金无足赤，人无完人"。每个孩子虽然有缺点和不足，但他们也是可爱的，也是值得父母用心去疼爱的。父母只要不苛求孩子，就会发现孩子是一个被上帝咬过一口的苹果，虽然他不那么完美，但是他却红艳艳的，非常招人喜欢。如果父母能够怀着宽容的心，全方面地接纳孩子，不对孩子过分挑剔和苛责，发自内心地赞赏孩子，那么就能够激发孩子的潜能，让孩子快速成长，说不定孩子还会给父母带来惊喜呢！

　　孩子虽然有很多的缺点和不足，会在成长的过程中犯各种各样的错误。但我们也应该明白，成长是一个漫长的过程，没有人能够保证成长的每一步每一个阶段都是完美又顺利的。实际上，即使是一个出类拔萃的人，在成长的过程中也会出现各种问题。在孩子没有出生的时候，妈妈感受着孩子的存在，此时对孩子最大的愿望就是希望孩子能够健康地出生。等到孩子出生之后，妈妈会希望孩子没有头疼脑热，健健康康，平平安安。直到孩子开始上幼儿园，妈妈就希望孩子一定要超过其他孩子。甚至于很多有学龄孩子的父母都已经陷入了教育焦虑的状态，他们每天做的最多的事情就是把自家的孩子和别人家的孩子进行比较，却丝毫没有想到这种行为对于孩子而言是很不公平的。直到孩子升入初中、高中、甚至大学……

　　每个孩子都是独立的生命个体，是不可取代的存在。父母要发自内心地接受孩子的普通和平凡，要看到孩子的优势和特长，也要接纳孩子的缺点和不足。只有全方位地接受孩子，真正地宽容孩子，父母与孩子之间才能建立更好的关系。如果父母就像一个最挑剔苛责的审判官一样，总是用审视的眼光看孩子，每当在孩子身上找到小瑕疵，父母就肆无忌惮地批评和否定孩子，这当然会让孩子感到痛苦。对于父母来说，最重要的是能够包容孩子。很多家庭的亲子关系剑拔弩张，水火不容，就是由于父母急功近利而导致的。

每一对父母在有了孩子之后，就不自觉地变成了不折不扣的完美主义者，他们希望自己的孩子是世界上最大最红最漂亮的那个苹果，而不希望孩子哪怕是被上帝咬掉小小的一口。他们不能更换孩子，也不能舍弃孩子，但是他们内心深处总会因为孩子的这点瑕疵而感到遗憾。在潜意识中，当发现孩子的表现非常叛逆，甚至故意与父母作对时，父母还会把孩子划入坏孩子的行列。而从孩子的角度来说，他所做的一切行为表现都与他所处的身心发展阶段密切相关。所以父母不要轻易地把孩子定义为坏孩子，而是要相信孩子的表现是非常优秀和杰出的。不管孩子能否达到父母的满意的标准，他们都在做自己，所以，真正爱孩子的父母会无条件接纳孩子，也会真心地欣赏孩子。

面对频繁发生的亲子冲突，父母如果不再苛求完美，而是以更加博大、宽容的态度对待孩子，那么这种局面肯定会有所改观。现代社会生存的压力很大，每个人都要拼尽全力去生存，父母切勿把这种压力转移到孩子身上。在孩子成长的过程中，他们就应该享受成长阶段的轻松自在，而不是应该过早地背负生活的重担。即使父母对孩子的某些地方不太满意，也不要明显地表现出排斥和抗拒，而是应该真诚地接纳孩子，友善地鼓励孩子，相信孩子一定会感受到父母的态度。

每个父母都希望孩子非常强大，能够拥有精彩的人生，那么父母首先就要成为孩子的好榜样。很多父母不但对孩子感到不满意，对于自己更是非常不满。他们甚至会完全推翻自己的一生，把自己塑造成一个失败者的形象，呈现在孩子面前。殊不知，这么做会给孩子带来负面的影响，使孩子变得像父母一样颓废沮丧。父母要想让孩子成为怎样的人，自己首先应该是怎样的人，这样才能成为孩子的好榜样，给孩子积极的推动力。

作为父母，首先要爱自己。不管自己现在处于怎样的生活状态，父母都要接纳自己，要接受自己的不完美，更要发自内心地爱自己。只有在爱自己的前提下，父母才能学会欣赏孩子，接纳孩子，也认可孩子。在现实生活中，很多人总是挑剔和苛求他人，这已经成为他们的习惯，他们根本意识不到自己这么做会给他人带来多少痛苦。当有了孩子之后，作为父母一定要改掉这个缺点，要意识到不能总是盯着别人的不足，而是要看到别人的闪光点，要积极地向别人学习。与此同时，也不要总是挑剔自己的毛病，批评和否定自己，否则就会变得抑郁，对自己失去信心。每个人都要发现自己的优点和长处，要相信自己只要努力就一定能够做到最好，这样才能渐渐地走出困顿的局面，迎来人生中柳暗花明的境遇。

作为父母，不管是看到孩子某些方面的表现不够好，还是看到孩子遭遇了失败，都应该积极地鼓励孩子。很多孩子还没有形成自我评价的能力，常常会把父母的评价作为自我评价，由此可想而知，父母的评价对孩子有多么重要。父母越是积极地鼓励孩子，孩子越是能够有更好的表现，反之，父母越是消极地否定孩子，孩子越是会表现得非常糟糕。孩子会成为父母所期待的样子，父母的赞美是孩子信心的来源，那么就让我们始终以强大的力量，激励孩子努力向上吧！

爱自己，才能爱孩子

爸爸自从下岗之后，就像变了一个人似的。他每天都会睡到日上三竿才起床，中午就开始喝酒，晚上又喝酒，有的时候夜里睡觉之前还要再喝一杯酒才能睡着。才几天过去，爸爸就变得和流浪汉一样，头发长得很长，胡子拉碴，每天眉眼不睁，看起来特别消沉低落。看着爸爸这样，佳琪非常担心爸爸，不知道应该如何鼓励爸爸。她也很清楚，爸爸的压力很大，因为爸爸不但要供养她上学，要养家，还要照顾爷爷奶奶，怎么样才能帮助爸爸呢？

佳琪才上小学六年级，正处于小升初的关键时刻。虽然她很担心爸爸，却并没有办法帮助爸爸。因为总是忧心忡忡，佳琪上课听讲的时候常常走神，三心二意，写作业的时候又觉得很没有兴致，以前她是会很认真地完成作业的，但现在她的作业却写得非常潦草，而且学习成绩严重下滑。看到佳琪的改变，老师非常担心，原本老师还寄希望于佳琪能够考上重点初中呢！现在如果继续这样下去的话，只怕佳琪连普通初中也考不上。老师联系了佳琪的爸爸，向佳琪的爸爸说了佳琪的学习情况。爸爸得知佳琪的情况后，回到家里火冒三丈，狠狠地揍了佳琪一顿，把佳琪的屁股打得都快开花了。佳琪非常委屈，她咬紧牙关，眼含泪花，一声都不吭。后来爸爸终于消气了，这才问佳琪："你最近到底是怎么回事儿？"佳琪哇啦一声哭起来，说："我最近什么事儿也没有，但是我看到你这个样子，我很担心。我不想学习了，我想出去挣钱，这样你就不用养我了。"听到佳琪的话，爸爸的眼泪也簌簌而下。他对佳琪说："是爸爸不好，爸爸不应该这样。下岗也没关系，那么多人都下岗了，不也活得好好的吗？从明天开始，我就出去找工作，你放心吧，咱们家不需要你挣钱，你只要好好学习将来能够考上好大学，就是圆了爸爸的心愿了。"父女俩终于敞开心扉进行了沟通，解开了彼此的心结。在佳琪的鼓励下，爸爸一改颓废沮丧的样子，而是精神抖擞，重新面对生活。而佳琪呢，也答应爸爸，她要全心全意地学习，冲刺到重点初中，将来有出息了再好好孝敬爸爸。

很多父母都觉得孩子还小，对于父母的变化，孩子并不能敏感地觉察，对于父母的很多异常，孩子也不会放在心上。实际上，这是对孩子的误解。家是孩子赖以生存的环境，父母是孩子可以依靠和信任的人，当父母发生变化时，孩子很快就会觉察到父母的异样，也会感知到家庭发生的变化。所以父母在经历变故的时候，要具有一定的承受能力，不要因为一些困难和挫折就放弃自己，自暴自弃，这样只会给孩子树立糟糕的榜样，给孩子带来负面的影响，对于孩子的成长而言是极其不利的。

现实生活中，有太多的父母都寄希望于孩子能够有出息，希望孩子能顺利升入初中、高中、大学、然后毕业找一份体面的工作，能够出人头地，而实际上，如果父母本身已经放弃了对生活的希望，任由命运的河流把他们带到任何地方，他们又如何能够给予孩子积极的力量，让孩子主宰和把控命运呢？只有那些能够爱自己，主宰命运的父母，才能给孩子树立好榜样，给孩子积极正向的引导，让孩子模仿父母的样子，和命运博弈，成为命运之舟的掌舵手！

在教育孩子的过程中，父母要秉承先爱自己，再爱孩子的原则，优先保证自己的身心健康，保证自己的心情愉悦。这是因为父母自身的状态将决定孩子拥有怎样的家庭状态。

因为有很多父母都为了爱孩子而忽略自己甚至是完全遗忘了自己。他们为了挤出时间陪伴孩子，没有时间去运动健身；他们为了能够送孩子上补习班，放弃休息而来回奔波；他们为了给孩子提供更好的物质条件，自己省吃俭用。这样"涸泽而渔"的方式并不能维持家庭的可持续性发展。明智的父母知道，在一个家里只有作为顶梁柱的父母好，家庭才会更好。反之，如果作为顶梁柱的父母轰然倒塌，那么整个家就会遭遇灭顶之灾。古人云："皮之不存，毛将焉附。"对于尚未成年的孩子而言，家庭就是他们赖以生存的基础，而父母则是为他们支撑起整个家的人。

从现在开始，父母们，请先爱自己吧。要知道，爱自己与爱孩子并不冲突，而是可以同步进行。所以不要把爱自己这个选项删除掉，否则不管是我们自己的人生，还是整个家庭的命运，都将不容乐观。

孩子是父母的镜子

小杰升入初中一年级之后畏难情绪很重，原因是学习的内容和小学阶段大有不同，而且学习方式也有了很大改变，他为此感到非常害怕。在面对学习的时候，他常常会对自己表示怀疑，觉得自己即使非常努力，也无法提高学习成绩，更无法在学习上有更好的表现。虽然妈妈几次三番地表扬小杰、鼓励小杰，但是收效甚微。小杰为何会这么自卑，这么缺乏自信呢？

周末，全家人正围坐在餐桌旁吃饭，爸爸说起单位从下周开始要进行优秀员工的评选活动，妈妈马上兴奋地对爸爸说："那可太好了，你一定要报名参加呀！你这么优秀，肯定能被选上！"爸爸很迟疑地说："我还是算了吧，单位里比我优秀的人多的是，我不自量力地报名参加不是自找难看吗？而且现在我都人到中年了，单位里有那么多年轻人，都是新生的力量。我估计领导肯定会优先评选他们当优秀员工，这样也能够给其他人树立榜样。"听了爸爸的话，妈妈有些生气，忍不住皱起眉头说："你总是这样，有多少好机会摆在你的面前，你都自己先放弃了，连尝试都不愿意！

你看看，现在小杰也变成了这样，遇事特别胆怯。每当面对一件事情，明明可以做得很好，他就是不敢去尝试，是不是因为受到你的影响呢？我觉得人最可怕的不是失败，而是根本就不敢去尝试。因为这样就连失败的机会也没有呀！"

妈妈的话让爸爸陷入了沉思。这个时候，小杰说："我们学校下周要举行演讲比赛，不过我这么笨嘴拙舌天生不适合演讲，这可不是我没有信心。"妈妈气呼呼地说："你怎么知道你不适合演讲呢？你连试都没有试过，你从小到大也从来没有演讲过呀！我觉得你倒是可以抓住这个机会尝试一次，失败了也没关系。如果真的不适合演讲，那以后就不再参加这样的比赛，你又没有什么损失。但是如果你不报名参加演讲比赛，你就不知道自己是否在演讲方面有天赋。知道英国首相丘吉尔吗？他以前可是个结巴，后来呢，还不是靠着演讲走上了政坛，成为了在世界历史上很有影响力的政治家吗？你们呀，连想都不敢想，又怎么可能成功呢？"

听了妈妈振振有词的话，爸爸和小杰都很羞愧。爸爸建议小杰："小杰，要不我们一起试一试？我们奔向各自的目标，看看能不能一起成功。"小杰很迟疑，他半天没有回答爸爸的话，又过去了很长时间，爸爸继续追问小杰，小杰终于点头说："那好吧，我试一试！"

虽然小杰最终也只是答应试一试，但这对于他来说，已经是迈出了很艰难的一步，也有了一个非常重要的开始。妈妈说的非常有道理。一个人要想做成一件事情，必须要先敢想才能敢干，如果连想都不敢想，那么就更别提如何去干了。

有人说，父母是孩子的第一任老师，也有人说孩子是父母的镜子，这样的说法都有道理。孩子从呱呱坠地开始，就靠着父母的照顾和教育开始成长。在抚养孩子成长的过程中，父母的影响力会自然而然地施加于孩子身上，因此父母一定要给予孩子积极的影响力，才能给孩子助力。试问如果父母本身就是非常自卑胆怯的人，那么孩子又怎么可能具备乐观自信的品质呢？

发生在孩子身上的一切问题在父母那里都能够找到根源。作为父母，当发现孩子出现问题的时候，第一时间就要反省自己。举个简单的例子来说，当你发现镜子里的自己脸上有很多灰尘，那你是去擦拭镜子，还是当即去洗脸呢？肯定是会选择后者，这是因为后者才是解决问题的根本办法。

通常情况下，人的思维是最容易改变的，也是最难改变的，尤其是对于那些非常固执的人来说，让他们在短时间之内做出改变，这简直是不可能的事情。然而，总是固执己见的人，就很容易走到生活的死胡同里，使生活没有希望，也没有出路。父母要想养育出具有积极思维的孩子，自己首先要摒弃那些消极的思想而坚持积极的思想，这样才能成为孩子的好榜样，给予孩子正面的力量，最终影响孩子成为和自己一样积极向上的人。

改变就要从父母开始。父母的改变不但会影响家庭教育模式，也会改变孩子的人生，所以遇事不要再犹豫纠结，而是要当机立断，让改变发生。在很多孩子身上，都折射出了父母最丑陋的一面，例如尖酸刻薄、情绪容易激动和愤怒，对身边的人说话毫不客气，情商特别低。这是为什么呢？这是因为孩子会模仿父母的一切举动，包括父母的言行举止、父母的为人处事等。特别是当孩子升入初中、高中以后，父母往往会抱怨孩子说话尖酸刻薄，而且情绪也很容易暴怒，为此认为孩子就像一个不定时炸弹，不知道什么时候就会爆炸，使得他们心惊胆战。实际上，父母完全可以自己解决这个难题，因为只要反观自身，父母就会发现孩子言行举止最像他们。

在物理学领域有镜像的概念，而在家庭生活中，孩子就是父母的镜像。很多父母压根意识不到自己有哪些缺点，也意识不到自己有哪些做得不好的地方，他们每天都忙碌得如同陀螺一样，旋转不停，甚至没有时间去关注孩子，与孩子之间的联系也越来越少，沟通的机会和次数更是少得可怜。当父母抱怨孩子沉迷于网络，当父母抱怨孩子学习成绩一落千丈，当父母抱怨孩子脾气暴躁的时候，不如想一想自己在这些方面做得如何。如果自己在这些方面做的的确很好，那么就要想一想自己是否距离孩子太远，所以没有给孩子施以积极的影响力；如果自己本身做得就非常糟糕，那么就要坚持提升自我管理的能力和自控力，这样在面对很多事情的时候，才能更加从容。

为了当即就改变孩子，父母不如写下孩子身上令自己不满意的地方，然后再根据这些不满意的地方，一条一条地来对比自身。对于孩子来说，当父母切实做出改变的时候，他们将会有不同的生活。当父母变得越来越好的时候，他们就能够获得成长的动力。孩子的成长从来不是一蹴而就的，而是需要在漫长的时间里通过点点滴滴的积累，坚持进步，才能由量变引起质变。父母在此过程中扮演着重要的角色，因此父母不仅要准确定位自己，也要做好自己该做的事情，只有这样才能给孩子更好的指引和帮助。

父母对待你的态度将会决定你对待孩子的态度

　　妈妈虽然已经40岁了，可她仍然清清楚楚地记得自己在小学低年级阶段，因为作业完成得不好，被萌萌姥爷把作业本撕碎、铅笔掰断的场景。这个场景就像是她的一场噩梦，深深地烙印在她的心中，无法消除，无法抹去。原本妈妈以为自己会好好对待孩子，不会像萌萌姥爷那样，却没想到自己在不知不觉间就把萌萌姥爷教育自己的方式，简单粗暴也用到了自己孩子的身上。

　　这天，萌萌考试考得不好，回到家里，她非常胆怯地把试卷拿给妈妈看。妈妈看到试卷上的分数，笑脸当即变成了暴怒，接着吼道："你这个孩子是怎么回事儿啊！居然考六七十分！现在可不是小学一、二年级，现在已经到了小学六年级，如果你继续保持这样的分数，别说考重点初中，你就连普通初中都考不上，我看你就只能留在家里，上家里蹲大学了！"

　　听到妈妈的话，萌萌的眼泪簌簌而下。妈妈在气头上根本没有意识到自己说了什么，她只图一时痛快，把很多话如同放鞭炮一样噼里啪啦地说了出来。之后，妈妈想起自己对萌萌说的话，不由得感到后悔。她想起了自己小时候被萌萌姥爷狠狠批评的情形，心里很后悔自己也这样对待萌萌。于是她去和萌萌道歉，萌萌也谅解了妈妈。但是从此之后，妈妈和萌萌之间似乎总有一些隔阂，不再像以前那样的亲密无间。

原生家庭对于孩子的影响有多大？在孩子成为父母之前，这个影响始终没有到达最高峰，而当孩子也成为父母之后，这个影响就表现出了巨大的威力。原生家庭中紧张压抑的气氛会让孩子的心里感觉非常沉重，还会让孩子在潜移默化之中，把这种沉重延续到下一代的身上。他们会用同样的方式对待自己的孩子，和自己的父母让自己感到痛苦一样，也让自己的孩子感到非常痛苦。在此过程中，他们虽然会回忆起自己小时候的情景，但是却无法控制自己，因为这样的感受已经根植于他们的内心。虽然他们在理性上排斥父母曾经教育自己的方式，但是在感性上，他们会本能地沿袭父母的做法来对待自己的孩子，这样会让孩子无力应对。

作为父母，如果在自己小时候曾经被父母粗暴地对待，那么一定要避免把这种方式再用在自己的孩子身上。生命一代一代地延续，在每一代人之间，应该让爱得以流传，而不应该是恨，更不应该是恐惧。父母要坚持理性思考，要把负能量的链条砍断，向孩子传递积极正向的爱，让孩子对生活充满希望，满怀热情。

如果父母小时候经常会被自己的父母打骂，那么在长大成人之后，面对自己孩子调皮捣蛋，他们也会不知不觉间就采取打骂的方式来处理，或者是羞辱孩子，或者是推搡孩子，甚至会暴打孩子。不管是哪种处理方式，都会在孩子心中留下不好的阴影。和那些在幸福快乐的家庭中成长的孩子相比，那些从小就受到不公正的对待，或者心灵受到摧残长大的孩子，心中会一直充满阴霾，不知道应该如何面对自己，不懂得如何与周围的人相处，更不知道应该怎样对待这个世界。

当父母与孩子之间发生冲突和矛盾，或者是亲子相处面临困境时，父母不要把原因都归结在孩子身上，也应该从自己的身上寻找原因。在自己的身上追根溯源的时候，还可以思考一下自己与原生家庭之间的关系。心理学家是非常看重一个人的原生家庭的。他们在对罪犯进行研究的时候发现，那些心理扭曲的罪犯大多是因为从小在家庭中承受了巨大的心理压力，或者是受到了严重的伤害，所以没有得到健康的成长，心理扭曲变形，导致后来做出了让人发指的罪行。心理学不断发展，随着对原生家庭研究越来越深入，很多心理学家都证实，原生家庭教育孩子的方式将会影响孩子一生，甚至会影响孩子的下一代。

既然知道了父母养育我们的方式将会影响我们对待下一代的教育，那么从现在开始，我们就应该更理性地反思自己受到的家庭教育，也应该努力控制好自己的情绪，那么我们在处理亲子关系的时候，就会更加从容。

在有必要的情况下，我们还可以寻求心理医生的帮助。很多人在自己年幼时受到的家庭打击，并不能仅仅依靠自身的力量走出去。就像前两年热播的电视剧《都挺好》中，姚晨饰演的苏明玉因为从小被妈妈嫌弃，所以直到长大之后都没有从被嫌弃的感觉中解脱出来。表面上看她事业有成，年纪轻轻就成为老总，但实际上内心非常苦闷，非常孤独。直到最后她辞掉了工作，选择陪伴患有老年痴呆症的父亲身边，才算真正原谅了原生家庭，也让自己获得了内心的平静。可以说，这是苏明玉对自己的救赎。作为父母，当意识到自己的心理问题之后，不要再继续这样错误地对待孩子，而是可以在心理医生的帮助下，让自己理性地面对孩子，这对维系健康的家庭关系是很重要的。

生命一代一代地延续，我们应该让爱传承下去，而不应该让恨在这个过程中流转。俗话说："冤冤相报何时了。"作为成年人的我们，不应该再继续以错误的方式对待自己的孩子，我们既然有了理性思考的能力，也能够以正确的方式面对自己和他人，那么就要反观家庭教育的各种弊端，从而让自己以更好的方式对待孩子，这对于我们的孩子来说是福气，对于我们自己来说则是一场救赎。

父母的心灵同样需要滋养

　　为了购买学区房，为明明将来上初中做准备，爸爸妈妈的压力空前地变大了。家里原本没有负债，虽然爸爸妈妈的工资不高，但是还可以维持家庭的正常开销。自从买了学区房之后，爸爸妈妈每个月要还高达6000元的月供，这使得家里原本就只能维持收支平衡的经济状况一下子陷入了空前的危机之中，毕竟每个月都要还6000元呢，这可不是一个小数目！爸爸妈妈过惯了轻松无压力的生活，现在突然背负上这样的压力，都觉得心力交瘁。爸爸对待工作更加认真，更加拼命，晚上常常加班。而妈妈呢，则在辛苦工作了一天之后，利用晚上的时间独自做所有的家务活，只为了支持爸爸赚取更多的钱来还月供，所以妈妈也很疲惫。在这种情况下，爸爸妈妈的身心状态可想而知。

　　这次期末考试，明明的成绩并不理想。原本他在班级里可以保持在前五名，但是现在他却滑落到前十五名。看到明明的成绩单，妈妈非常生气，她冲明明喊道："看你这样的成绩对得起谁呀？我跟爸爸在外面当牛做马，难道你没看见吗？我们这么辛苦，还不都是为了你。而你却不能好好学习，简直太让人失望了。"明明也很委屈："六年级的复习压力很大，而且很多题目都特别难，我考试成绩有波动也正常呀，有必要这样歇斯底里吗？"听到明明轻描淡写的话，妈妈更加生气，严厉地训斥了明明，并且要求明明保证在下次考试中进入班级前五名。明明拒绝做出这样的保证，他说："我从来都没有上过课外补习班，我们班的大多数同学一直都在上课外补习班，你却让我考班级前五名，你觉得这样公平吗？你在单位里也能排到前五名吗？"妈妈气得给了明明一巴掌，明明哭着回到自己的房间里，一晚上都没有出来，还拒绝和妈妈说话。

今天的学区房炙手可热，父母除了要承担生活的重压之外，还多了一项任务，那就是为孩子购买学区房。虽然这个任务不是必须要完成的，但是，但凡有一点能力的父母都会想方设法地为孩子创造优质的教育条件，这就使很多原本没有经济压力的家庭，因为买了学区房而一夜之间返贫，生活变得捉襟见肘，精神的压力空前地变大了，经济上的重负更是让人无法喘息。

对此，父母虽然不会因此而责怪孩子，但是这种压力实实在在地压在父母身上，有时未免会让父母感到十分疲惫。为此，很多父母在不知不觉间就把精神上的压力转嫁到孩子身上，认为孩子是导致这种情况出现的原因。这样的想法是错误的。父母一定要摆正心态。如果父母不愿意承受这样的压力，那么可以让孩子上普通的学校，只要孩子努力认真，也依然能够成才。但是，如果父母心甘情愿地承受这样的压力，要为孩子创造更好的条件，那么就要调整好心态，从容地去面对压力，而不要因此让自己身心俱疲，还把怒气发泄到孩子身上，这样做的损失将是不可估量的。

为了缓减压力，父母在日常生活中应该学会调整自己的心情，让自己适度放松一下，这样才能保持好的身心状态，做到张弛有度，始终精神抖擞，充满活力。具体来说，父母可以在哪些方面帮助自己放松，让自己始终保持着良好的精神状态呢？

首先，在经济学领域有一句非常著名的话，那就是经济基础决定上层建筑。换个说法，身体健康状态决定了精神状态和情绪状态。正如一位伟大领袖所说的，身体是革命的本钱，父母也要始终牢记这句话。如果父母没有好的身体，就不能很好地照顾孩子；如果父母没有好的身体，就没有精力为孩子创造更好的条件。从这些角度来说，父母一定要照顾好自己的身体，让自己身体保持健康强壮。很多父母常常省吃俭用供养孩子，其实，如果不是家里的经济条件特别差，父母没有必要靠省吃俭用去供养孩子，而是要保证自己的健康饮食。另外，在营养均衡的情况下，还要坚持运动。虽然坚持运动是很难做到的事情，但是不管是为了自己，还是为了孩子，父母都要坚持运动，因为运动可以保证身体健康。

有了健康强壮的身体，父母接下来就要让自己的心理状态保持平衡、从容和镇定。很多父母觉得生活是一地鸡毛，认为自己不管多么努力生活都茫无头绪，实际上这是因为内心糟糕的状态导致的。父母要想以积极的态度拥抱生活，那么就要调整自己的心态。很多人都喜欢做瑜伽运动，让心灵和身体得到舒展。实际上，瑜伽运动在舒展身体的同时，也能够舒展人的心灵，使人的心灵得到小憩。当然，除了瑜伽运动之外，父母可以每天抽出一段时间用来看书，感受着书中浓郁的油墨香气，这可比对着冷冰冰而且非常刺眼的电子屏幕来得更好。另外，还可以选择去户外进行游玩，赤着脚走在草地上，感受着大地的温度，会让人如同沐浴着清风一样舒服。

现在，很多人都患有各种各样的心理疾病，有一些人患有轻度的焦虑症，还有的人患有严重的抑郁症。这些心理疾病虽然不是身体上实实在在存在的症状，但是却会给人带来很大的伤害，所以父母不要对这些疾病放任不管。一旦发现自己的精神状态有异常，就要积极地采取手段去干预，在必要的情况下，可以寻求心理咨询师的帮助，让自己能够保持心情愉悦。

在家庭生活中，父母还要处理各种各样的关系，与伴侣的关系、与父母的关系、与孩子的关系、与其他亲戚的关系，其中最重要的是要处理好与自己的关系。人是群居动物，没有人能够完全独立地存在于这个社会上，所以父母要习惯处理好这些关系，并且从这些关系中使自己得到滋养。

当父母觉得自己被生活压得无法喘气的时候，可以做一些自己喜欢做的事情来调节压力。不管生活压力多么大，父母都不要放弃自己的兴趣爱好，所谓兴趣爱好，就是能够让我们得到精神满足和情绪愉悦的事情。每个人都有自己的兴趣爱好，有些人喜欢看电影，有的人喜欢去爬山，有的人喜欢去健身房，还有的人喜欢读书。不管是哪一种兴趣爱好，都能够让我们烦乱的心灵得到平静，也能够让我们的精神恢复安定。父母一定要保持自己的身心健康，保持自己的情绪愉悦，这对于减少亲子冲突是非常有帮助的。当父母能够驾驭自己的情绪，主宰自己的命运，也就能够给予孩子更积极的影响，让孩子也模仿父母的样子，做好很多事情，这对孩子的成长是大有裨益的。

第五章

阅读孩子的心情，
进行非暴力沟通

　　孩子的心情就像是一本书，需要父母翻开书页，认真地品读。很多父母之所以不了解孩子，是因为他们把孩子看成了一张白纸，认为孩子是单薄的，是纯粹的，是没有那么多喜怒哀乐和烦恼忧愁的。父母对于孩子这样的预见，只适用于那些刚刚出生的婴儿，而不适用于不断成长的孩子。孩子随着一天天长大他的生命之书被涂抹上不同的颜色，他们的心情也随之变得五彩斑斓、复杂多变，父母可要专心致志地去品读啊！

如何说，伴侣才会听

这天下午，爸爸去学校接乐乐的时候，因为单位有事情耽误了，所以去晚了，乐乐在校门口等了爸爸一个多小时。等待还是次要的，主要是自从上了初中之后，乐乐的作业特别多，这一个多小时白白地浪费了，妈妈觉得非常生气。就训斥爸爸："让你去接孩子，你怎么有事情也不提前告诉我一声呢？你要是早点告诉我，至少我可以打车去接他，这样乐乐就能早点回家完成作业，还可以早点休息。"爸爸对此不以为然，说："就算浪费了一个小时也没关系，不会造成多大的不良影响，我看你真是反应过度！"听到爸爸的话，妈妈更加生气，说："你总是这样，凡事都漫不经心，在工作上天天忙得跟个陀螺似的，却没有什么成绩。你就算不能把家庭和工作兼顾好，也至少在这两者之间兼顾到一样吧，这是我对你的最低要求。"听到妈妈的回答充满火药味，爸爸也有些不悦地说："我们以前上学还不是要自己骑自行车回家吗？路上要花更长的时间呢，还特别累。他虽然等了一个多小时，但是我开车去接他，到家就几分钟的时间，不是很轻松吗？"妈妈对爸爸一番抢白："不要老说你的以前好不好，就好像你多么成功一样。你现在要是清华北大毕业的，你说以前也算是有点说服力，但是你以前过得再艰苦，你后来又有什么成就呢？总是提以前，难道你的意思是让儿子现在过得和你以前一样？"听到爸爸妈妈这样争吵，乐乐感到厌烦极了，他赶紧躲到房间里去写作业了。

很多家庭里的夫妻之间难免会发生争吵。有人说不打不闹不到头，实际上这是对于争吵的一种无奈的解释。在婚姻生活中，如果夫妻之间能够做到相敬如宾举案齐眉，做到彼此了解信任，做到步调一致，那这种夫妻关系简直太完美了。但是大多数夫妻的生活常态就是吵吵闹闹。

在大多数有孩子的家庭里，夫妻之间发生争吵往往围绕着孩子展开。这会让孩子感到自己仿佛是争吵的根源，因而会产生愧疚感。明智的夫妻不应该当着孩子的面争吵，即使是不可避免与对方争吵，也要采取合适的方式来表达，从而避免争吵，达到积极沟通的目的。如何说，伴侣才会听自己的话？这对于夫妻双方来说都是一个难题。只有多用心了解对方，组织合适的语言进行沟通，才能解决这个难题。

一切问题的解决都要建立在有效沟通的基础上。沟通是人与人相处的桥梁，是心与心之间的媒介，只有建立顺畅的沟通途径，人与人之间才能相互理解，也才能齐心协力地解决问题。对于孩子来说，在幸福和美的家庭环境中成长，他们的内心会更加安宁平静，也会更快乐。当然，要想为孩子创造这样的家庭环境，夫妻都应该解决"如何说，伴侣才会听"这个问题，从而使沟通更顺畅，使家庭气氛更和谐融洽。

夫妻之间要想沟通顺畅，一定要做到以下几点。首先，在沟通的时候不要带着强烈的情绪。很多人先入为主地怀有抱怨的情绪，心里否定对方，或者给对方施加很大的压力，这样当然会让对方排斥。只有以平静淡然的心态面对对方，才能与对方进行良好的互动。

其次，夫妻之间要真诚地敞开心扉，袒露心迹。很多夫妻说起话来遮遮掩掩，或者会有一些小心思不愿意直接表达出来。实际上，这会阻碍沟通的效果。夫妻是整个家庭的重要组成部分，夫妻之间要建立深厚的感情和完全的信任，才能为了实现家庭目标而共同努力奋斗。作为同一个"战壕"的"战友"，哪怕会有一些小小的分歧，也要做到彼此宽容和谅解，只有坚持这样去做，夫妻关系才会更好。

再次，夫妻之间不管发生什么问题，也不管沟通的过程是否愉快，一定不要使用不文明的语言。很多夫妻因为感觉彼此至亲至爱，反而会做出互相伤害的事情。他们在工作中对周围的人都非常友善，但是当回到家里，面对着最亲爱的生活伴侣时，却卸下了礼貌的一面，袒露出自己最真实的一面，这样无形中就会伤害对方。所以一定要管好自己的嘴，所谓祸从口出，言多必失。虽然夫妻之间要多沟通，但也不要因为说话不讲究方式方法或者不够礼貌而闯祸，影响到夫妻关系的和谐就得不偿失了。

最后，在夫妻相处的过程中，一定要及时解决那些令人感到不愉快的问题。很多夫妻没有养成遇事就沟通的好习惯，当对对方有意见的时候，他们会把这种意见压抑在心里，不愿意向对方坦诚地倾诉。殊不知，如果这些问题不能及时地得到解决，它们并不会消失，而是会一直存在，在积累到一定的程度之后，那么就会由量变引起质变，从而引发更加严重的家庭矛盾，甚至会导致婚姻危机的出现。另外，在与对方沟通的时候，要就事论事，不要贬低对方，不要人身攻击也不要肆意放大对方的错误，要设身处地地为对方着想，这样才能积极地解决问题。

在问题还没有发生的情况下，最好不要假设这些问题的发生会造成怎样严重的后果。要尽量把问题缩小去解决，而不要夸大事实，要尽量及时地解决眼前的问题，而不要拖延。如果能够有效地解决眼下的每一个问题，那么后续也就不会发生更严重的问题。

有人说沟通是从表达开始的。实际上，真正的沟通是从倾听开始的。要想把话说到伴侣的心中去，要想让伴侣乐于听我们说话，我们就要先学会倾听伴侣的心声。只有倾听才能帮助我们了解伴侣，也只有倾听才能让我们打开伴侣的心扉。这对于营造良好的夫妻关系来说，是非常重要的。同时倾听也是消除误解的好方式。

随着智能手机的普及，使得夫妻之间相处的机会越来越少，每天四目相对的时间几乎没有。以往在智能手机没有这么普及的情况下，夫妻回到家里还能针对家里的事情或者工作进行沟通，或者是倾诉对彼此的感情。现在的夫妻躺在床上，往往是各自对着自己的智能手机，谁也不理睬谁，就这样默默无声地躺在一起玩手机，然后进入了一夜的沉睡。等到次日醒来，又急急忙忙地奔赴各自的工作岗位。这样一来，夫妻之间还有什么机会来加深感情呢？电子产品虽然为人们的生活带来了极大的便利，却也改变了人们的相处模式，作为夫妻要更加频繁地互动，而不要因为使用过多的电子产品占据了时间，从而产生隔阂。在必要的情况下，可以放下电子产品，让彼此心与心相对，这样才能产生心灵的共鸣。

　　当发现彼此之间无话可说的时候，当发现话题持续升温有可能引爆的时候，可以先选择暂停，也可以先转移注意力，这样就能够及时地为情绪降温，也可以让即将发生的争吵消散于无形。作为夫妻，都应该为更好地经营这个家庭而付出努力，因此在看完这篇文章以后，我们应该先反省自己与伴侣沟通的时候面临的最大障碍是什么，从而与对方一起齐心协力地找出办法来解决它，争取实现共赢。

如何说，孩子才会听

学校里要举行运动会，乐乐回到家里，兴致勃勃地告诉妈妈他想带冰淇淋去学校吃。冰淇淋很容易融化，学校里又没有冷柜，怎么能带冰淇淋去学校吃呢？妈妈当即就否定乐乐的想法，对乐乐说："你这简直是异想天开，冰淇凌走不到学校就已经化掉了，怎么可能带到学校去吃呢？"对于妈妈的话，乐乐不以为然，说："我可以想办法把冰淇淋带到学校呀！"妈妈又说："就算你想出办法，我也不让你这么做！大家都没有冰淇淋吃，你吃冰淇淋这不是让大家眼馋吗？这是在拉仇恨呀！"听了妈妈的话，乐乐非常沮丧。后来，妈妈在给乐乐准备参加运动会时吃的零食时，不管拿什么，乐乐都表示拒绝。妈妈知道乐乐在闹情绪，一直在因为冰淇淋的事情生气。妈妈反思了一下，觉得乐乐就算想带冰淇淋去学校吃，也并不是什么大的错误，只要他能想出把冰淇淋带到学校去的办法，又有什么关系呢？想到这里，妈妈问乐乐："你有什么好办法带冰淇淋去学校呀？"乐乐没好气地说："我就算想出办法来，你也不让我带，我还想办法干什么呢！"妈妈尽量平静情绪，对乐乐说："好吧，如果你能想出把冰淇淋带到学校而且不融化的办法来，我就允许你带。那么，你现在可以告诉我你有什么好办法了吧？"

听到妈妈的话，乐乐当即兴致勃勃地说："家里不是有两个焖烧杯吗？我觉得把冰淇淋放在焖烧杯里，一定能够坚持到中午。就算是有点化冻了，也会很冰凉。你不知道，开运动会的时候特别热，要坐在太阳底下观看，要是有冷饮吃，那可简直太幸福了！"妈妈对乐乐的话不置可否，但是她不想再发表反对意见，因而说："那好啊，你可以试一试。家里的两个焖烧杯你都可以用。"得到了妈妈的批准，乐乐高兴得一蹦三尺高，当即就去取焖烧杯，做好带冰淇淋去学校的准备了。

很多父母在和孩子沟通的时候，会在第一时间就去否定孩子的想法或者否定孩子的提议，这种做法对孩子来说是很沉重的打击。虽然父母否定孩子只需要一两句话，但是就这样简单的一两句话破坏力却是巨大的，会严重打消孩子的积极性，让孩子再次面对问题的时候，不愿意积极地想办法解决问题。明智的父母会在处理那些无关紧要的问题时，给予孩子一些权利，让孩子自主地去决定。尤其是在孩子兴致勃勃地表达时，他们决不会给孩子当头泼上一盆冷水，而是会耐心地倾听孩子。当听到孩子说出一些合理的建议，或者是提出一些新奇的主张时，父母还会适时地对孩子表示赞赏。得到父母如此积极的回应，孩子当然会开动脑筋积极地继续思考。

在亲子沟通的过程中，很多父母与孩子之间的沟通大多都是消极的，是无效的。为此父母要改变自己与孩子沟通的思维惯性，要与孩子之间建立积极健康的沟通方式，这样亲子教育才能得以有效地实行。一切的亲子教育都要以有效地沟通为基础。如果父母与孩子之间没有沟通的途径，也就是关闭了沟通的渠道，那么即使父母有再好的亲子教育观点，又如何能够实施在孩子的身上呢？

除了要坚持积极的沟通之外，在和孩子沟通的时候，父母要看着孩子的眼睛，要表现出自己的真诚和专注。孩子需要父母的鼓励，也需要父母的拥抱。让孩子感受到父母充满爱与温暖的怀抱，这能够让孩子放松心情，让孩子愿意敞开心扉对父母倾诉。每一个父母都要学会与孩子沟通，都要把话说到孩子的心里去，这样家庭教育的效果才会事半功倍。

具体来说，父母在与孩子进行沟通的时候，要掌握以下几个原则。首先，父母要发自内心地尊重孩子，平等地对待孩子。父母不要表现得居高临下，不要强求孩子接受父母的安排，也不要对孩子的意见或者是想法嗤之以鼻。孩子年龄虽然小，但是他们能够敏感地感知到父母对自己的态度，从而采取积极或者消极的态度去应对父母。如果父母想要得到孩子的尊重，那么就要学会尊重孩子，因为尊重是相互的。父母切勿认为孩子是自己的私有物或者是附属品，而是要把孩子当成独立的生命个体去对待，这样孩子才愿意与父母进行沟通。

其次，父母要善于运用表情或者是身体语言。当语言沟通不能达到预期的效果时，父母可以借助于表情或者是身体语言来表达。有些父母在和孩子说话的时候总是满脸严肃，甚至是明显地带有不耐烦，这样会让孩子内心深受打击。他们原本兴致高昂地想把一天发生的事情都讲给父母听，但是看到父母做出这样的表情时，他们瞬间变得兴致索然，也就不愿意继续对父母表达了。有的时候孩子在向父母倾诉心声的过程中，会触及到自己的伤心事，从而使情感产生波动，那么，在这个时候，父母可以拥抱孩子，把孩子揽在自己的怀里。即使孩子一语不发，但是孩子却能够感受到来自父母的关怀和爱意。

再次，要多多鼓励和赞美孩子，尽量地少否定和批评孩子。有些父母已经习惯了只要孩子张嘴说话，就打击孩子。这种情况下，就算孩子有再强大的自信心，也经不起父母这样一而再再而三的打击。好孩子都是父母夸出来的。在孩子没有犯错误的情况下，父母不要随意地否定和批评孩子，哪怕孩子做得不够好，父母也要多多鼓励和赞美孩子，这样能够帮助孩子培养自信。在赞美孩子的时候，父母要做到及时赞美、具体赞美、真诚赞美。这些赞美方式能够让孩子感受到父母的真心，也能够让孩子吸取来自父母的积极的力量。

最后，当口头语言表达、面部表情和身体语言表达都不能让父母与孩子更好地沟通时，父母还可以采取书面沟通的方式。所谓书面沟通，就是以亲子日记或者是写信、写纸条等方式与孩子进行交流。看到这里，很多青春期孩子的父母都会深有感触。因为孩子在进入青春期之后，大多会产生叛逆心理，他们不愿意和父母沟通，有的时候因为和父母一言不合，还会生父母的气。那么，为了避免与孩子面对面的发生冲突和矛盾，也为了避免语言引起的冲动，父母可以采取书面沟通的方式与孩子进行交流。以这样的方式沟通，父母和孩子都能够保持冷静，使沟通更顺畅、和谐。

亲子日记是一种非常好的沟通方式。就是父母和孩子都可以在特定的日记本上写日记，表达自己对对方的一些态度、观点或者是某些不满。当然，事先要约定，对于在亲子日记上看到的内容，谁也不许生气，这样彼此才能敞开心扉写日记。亲子日记是父母和孩子共同拥有的，等到孩子长大了，当他们大学毕业，参加工作，甚至成家立业之后，再来翻看这本亲子日记，一定会觉得特别有意义。

写纸条或者写便签显然是更加灵活的沟通方式。它不像书信那样要写很多字，而是随手去写写自己一时的心情或者是感受，往往只需要一两句话就能够起到传情达意的作用。可以把它放在孩子的书桌上，也可以贴在家里的信息台上，这样更有助于及时沟通。总而言之，父母与孩子之间沟通的方式是很多的。要想把话说到孩子心里去，父母首先要做到了解孩子，理解孩子，而不要总是站在父母的角度上对孩子发号施令。当父母能够设身处地地为孩子着想，能够考虑到孩子的真正需求时，那么父母与孩子的沟通就已经成功了一大半。

不要当着他人的面训斥孩子

悠悠 13 岁了，正在读初一，已经正式进入了青春期。最近她变得特别敏感，不愿意和妈妈沟通，每当有了心事的时候，她总是一个人默默地承受。看到悠悠的性格从外向乐观开朗突然变得内向自卑敏感，妈妈非常担心她，生怕悠悠会出现什么状况。

有一次，妈妈偷看了悠悠的日记，得知班级里有男生喜欢悠悠，妈妈非常生气，她以为悠悠开始早恋了。当天晚上，正巧悠悠的小姨和小姨夫来家里做客，要留在家里吃饭。妈妈却按捺不住，当着小姨和小姨夫的面质问悠悠："悠悠，你是不是早恋了？"悠悠根本没想到妈妈会问这个问题，她很震惊地看着妈妈，一时之间不知道应该如何回答。妈妈却借着悠悠发愣的机会，如同连珠炮般地继续对悠悠说："悠悠，你现在正在读初一，能否考上名牌大学，就取决于你初中三年后能否考上重点高中。这就是说，你现在的所作所为直接决定了你的未来。你看看爸爸，只有大专文凭，工作特别辛苦。你再看看你小姨夫，人家是硕士毕业，工作光鲜亮丽，收入还高，生活得多好啊！难道你以后想像你爸爸一样一点本事都没有吗？你这个孩子从小还挺听话挺懂事的，怎么越大还越糊涂了呢？"

悠悠还没反应过来呢，妈妈就把这番话给说完了。听到妈妈当着小姨和小姨夫的面说出这些没有分寸的话，悠悠很尴尬，眼里含着泪水跑回自己的房间里。看到悠悠伤心的样子，小姨觉得有些不忍心，对妈妈说："姐，你怎么能这么对孩子说话呢？我们还在这儿呢，你至少等我们走了再说呀，照顾下孩子的面子啊！你这样如同连珠炮一样噼里啪啦的，孩子的自尊心能受得了吗？"妈妈不以为然地说："她受不了，就不要做那些不该做的事情呀！她要是老老实实的，不和男同学早恋，我怎么会批评她呢，我心疼她还来不及呢！她犯了错误，就要接受批评。"看到姐姐如此固执，小姨也没有办法，只好尴尬地笑了笑。吃完晚饭，小姨和小姨夫就告辞了。

小姨和小姨夫前脚离开，妈妈后脚就去了悠悠的房间。她怒气冲冲地质问悠悠："你是什么意思呀？你自己做错了事，我批评你，你还当着小姨和小姨夫的面给我甩脸子，你还真以为你是这个家里的皇帝吗？"悠悠生气地说："我怎么敢当皇帝啊，这个家里的皇帝不是您吗？您看看您说话不分时间场合，只有皇帝才有这样的自由！"听到悠悠的话，妈妈非常委屈地说："现在连说你也都不成了吗？我是你妈呀，我什么话不能说你。现在就受不了了，那将来等我老了更啰唆了，你可不更受不了了吗？"悠悠说："等您老了，我才不愿意和您住在一起！我的耳朵都被您磨出老茧来了！我只想自己出去住，我想清静地生活。"说完，悠悠把妈妈推出房间，顺手把房间的门反锁上，妈妈就是再着急，也不能再进去继续唠叨悠悠了。

青春期的孩子出现早恋的现象是很正常的。悠悠已经13岁了，进入了青春期，这时有男生喜欢她很正常。但妈妈没有做好迎接孩子青春期到来的心理准备，也没有预计到孩子在青春期有可能要面临的问题，所以当她发现悠悠收到了男同学示好的信件时，她根本接受不了。于是第一时间就开始批评悠悠，丝毫没有顾及到小姨和小姨夫还在家里做客的事情，更没有想到会对悠悠造成的伤害！

妈妈这样的做法是很不妥当的，一则会让小姨和小姨夫感到非常尴尬，二则也会伤害悠悠的颜面。青春期的孩子特别爱面子，父母切勿当着他人的面批评孩子。原本妈妈批评悠悠不应该和男同学早恋，并不会引起悠悠的反感，但是妈妈当着小姨和小姨夫的面批评悠悠的时候，她就犯了一个很严重的错误，所以悠悠非但没有向妈妈承认错误，反而还很生妈妈的气。

很多父母都有一个误解，就是觉得自己作为父母可以随时随地批评孩子，而作为孩子则只能乖乖地听训于父母。实际上，这样的误解会给亲子关系造成很大伤害。孩子在升入初中、高中之后，心智也越来越成熟，他们并不认为自己必须顺从父母，也不认为父母可以理所应当的批评他们。所以，作为父母要调整心态，真正地去尊重孩子，平等地对待孩子。尤其是不要当着他人的面训斥孩子，这会激起孩子的逆反心理，使孩子的表现更加糟糕。

人前不训子，因为孩子也会爱面子。对于孩子，父母要有宽容的度量，即使认为孩子做错了，也不要急于当着他人的面批评孩子，而是在他人离开之后，把孩子带到一个单独的房间里和孩子说一些悄悄话，这样孩子才更容易接受父母的教诲。

在批评孩子之前，为了避免言语不当，激发起孩子的逆反心理，父母还应该做一件事情，那就是要先设身处地地为孩子着想，体谅孩子的感受，这样才能把握好批评的尺度，和选择适宜的批评方式，从而避免引起事与愿违的效果。

批评要讲究方法

　　在初一上学期的期中考试中，乐乐取得了非常好的成绩，在班级里是第一名，在年级里是第二名，这让他不由得感到骄傲起来。在接下来的学习中，他沾沾自喜，自以为是，所以学习成绩很快就退步了。在期末考试中，他只考到了班级第五名，而在年级里要排到十几名了。退步如此大，乐乐自己也感到非常羞愧。他拿着期末考试的试卷和成绩单回到家里，一声不吭地把成绩单递给妈妈看。妈妈看到了成绩之后心里升腾起一团怒火，但是她知道如果表达不当，非但不能让乐乐反省错误，还有可能激发起乐乐的逆反心理，使乐乐不愿意听取任何训诫。所以妈妈压制住自己的怒气，先和乐乐一起吃饭。等到吃完饭之后，妈妈又洗了个澡，在此过程中妈妈一直在思考要如何批评乐乐，最后她终于想出了一个好办法。

　　妈妈坐在乐乐身旁，语重心长地对乐乐说："乐乐，初一上学期这就算结束了，你在期中考试中取得了良好的成绩，这是你努力学习的结果，是值得赞赏的。但是在期末考试中，你的成绩为何出现如此严重的下滑呢？你自己有没有想过这其中的原因呢？我想你对其中的原因一定很清楚，那就是你在期中考试之后有些骄傲了，所以在学习上就有些懈怠。学习是个一直爬坡的过程，必须非常努力才能始终保持上进的姿态。如果稍有松懈，就会顺坡下滑。但是在此过程中，那些本来在你后面的同学却一直在坚持爬坡，所以他们就会超越你。我认为，你应该就此进行认真的反省和总结，这样下次才能避免再犯同样的错误。你觉得呢？"

妈妈言辞恳切，而且说得很有道理，乐乐只能点头，根本无法反驳。他对妈妈说："我的确是有些骄傲了，这次期末考试也给了我一个深刻的教训，我想我知道下次应该怎么做了，请您看我的表现吧！"听了乐乐的话，妈妈心中的怒火全消，她欣慰地对乐乐说："妈妈相信你有自己的分析判断能力，也相信你知道自己应该怎么做，那我就对你拭目以待喽！"就这样，妈妈和乐乐愉快地结束了交谈，妈妈相信乐乐在下一次考试中一定会有良好的表现。

孩子进入初中阶段，学习的压力越来越大，课业的负担越来越重。很多父母之所以与孩子发生矛盾和冲突，就是因为在看到孩子的成绩单觉得不满意。在上面这个事例中，如果妈妈看到乐乐的成绩出现了这么大的下滑之后，不由分说地就数落乐乐，那么就有可能激发起乐乐的逆反心理，使乐乐故意与妈妈对着干，偏偏不好好学习，这样的后果是非常严重的。事例中的乐乐妈妈非常明智，她对乐乐先是给予了肯定的评价，先认可乐乐在期中考试中的优秀表现，就相当于给了乐乐一颗甜果子吃，然后又开始针对这次期末考试乐乐的表现，进行了分析和批评，同时也对乐乐提出了希望。妈妈的批评就像是一个夹心三明治，并没有把最核心的批评内容直接地呈现出来，而是用前面的认可与赞赏和后面的希望，把核心的批评内容包裹起来，这样乐乐就欣欣然地接受了。

批评孩子是一门艺术。很多父母都不懂得批评孩子的艺术，导致每次批评孩子的时候都会与孩子之间发生各种冲突，使得家里鸡飞狗跳。这种结果显然是父母不愿意看到的。父母要想让批评起到最好的效果，就要掌握批评的艺术，要学会批评的方法和原则。前文说过，不要当着他人的面训斥孩子。它就是批评的一个重要原则。在这里，我们说到了"夹心三明治"批评方法。除此之外，还可以采取"戴高帽"的批评方法，或者是采取欲抑先扬的批评方法。和一般的声色俱厉的批评方法相比，这些批评方法都更加委婉，也能够取得非常好的效果，所以父母可以经常使用。

每个孩子的脾气秉性是不同的。有的孩子性格非常直爽，心理承受能力也非常强，做事情喜欢单刀直入，不喜欢遮遮掩掩，那么父母就可以开门见山地指出他们的缺点和不足，孩子也会积极地改正。有些孩子性格非常内向，心理承受能力比较差，做事情喜欢绕弯子，那么父母不要直接批评他们，而是可以采取各种迂回婉转的方式，让他们意识到自己的不足。还有一些孩子缺乏承受挫折的能力，一旦自己遭遇了失败，他们就会变得非常沮丧，自己批评自己。对待这种类型的孩子，父母应该给予孩子积极的鼓励，肯定他做得好的方面，而不要直接批评，那样无疑于给孩子雪上加霜。相反，有些孩子承受能力很强，他们哪怕遭遇失败，也不肯轻易地服输。那么父母就可以给予孩子适度的打击，这样才能让孩子戒骄戒躁，继续努力。

任何教育方法都不可能适用于所有的孩子特别是随着孩子年龄的增

长，当他们升入初中、高中，甚至大学以后，对于父母来说，在家庭教育中，在批评孩子的时候，要根据孩子的特点，因人而异地选择合适的批评方式，这样才能起到事半功倍的效果。如果父母从来不了解孩子，也不知道孩子的心态，就盲目地批评孩子，那么只会导致事与愿违，对亲子关系更是一种伤害。

要建议，而不要命令

升入初二后，乐乐的数学成绩退步很多。一方面是因为初二是数学难点的爆发时期，另一方面因为乐乐在数学方面的基础原本就相对薄弱，所以妈妈想为乐乐报名参加课外补习班。但是妈妈不确定乐乐是否愿意参加课外补习班，所以她决定先征求一下乐乐的意见。

周末，乐乐在家里完成了作业，正准备进行休息，这时妈妈问乐乐："乐乐，你对于自己的数学学习有什么想法吗？"乐乐抬起头，有些迷惑地看着妈妈，不知道妈妈是什么意思。妈妈继续说："我想，如果你愿意的话，我可以为你报名参加数学补习班，这样有很多难题就可以在补习班上得到解决。妈妈这样做是担心你在数学学习上面比较吃力，你是什么态度呢？"乐乐当即表示反对，他说："我可不想去上补习班，周六周日都累死了，有的同学因为上补习班，连作业都写不完，这不是本末倒置吗？"

听到乐乐的话，妈妈感受到乐乐的排斥，她没有试图说服乐乐，而是点点头说："的确，如果为了上课外补习班而耽误学校里的学习，那么就是本末倒置。不过你现在呢，每周末两天的时间，大概用一天的时间就可以完成作业，还有一天的时间是相对轻松的。我认为如果你能够利用这一天的时间去补习，其实上一次课只需要两个小时，相信你的数学成绩一定会突飞猛进。当然我也只是建议，你自己好好想一想再做决定，好吗？"

妈妈说完这番话，没有再追问乐乐的意见。乐乐在经过一天的思考之后，对妈妈说："妈妈，我愿意参加补习班，我问过了，班级里数学学习比较好的同学都是在一个补习班里补习的，我也想去那个补习班，你可以帮我报名吗？"听到乐乐这么说，妈妈感到非常高兴，她说："你在学习数学上是很有潜力的，你其他科目的成绩都很好，只有数学到了初二才有所下滑，所以妈妈想为你补上数学。这样，将来你学习其他科目的时候就有更大的空间可以施展。你想去那个补习班当然好，不过跟同学在一起补习，只能下课在一起玩儿，上课可不要说话，否则会影响补习的效果。"乐乐连连点头，对妈妈表示感谢。

有一些父母会自做主张地为孩子报名参加补习班。如果孩子对此表示抗拒的话，父母还会强求孩子必须参加补习班，这样就会激发孩子的逆反心理，即便孩子心不甘情不愿地去了补习班，学习效果也不会很好。乐乐妈妈是一个很懂得教育孩子的家长，她意识到乐乐的数学急需要补习，但是她并没有强求乐乐必须上补习班，而是耐心地征求乐乐的意见，也给了乐乐一定的时间去思考，最终乐乐主动提出要去同学上的补习班参加补习，这当然是最好的结果。

对于升入初中和高中的孩子而言，他们之所以不再像小时候一样对父母言听计从，是因为他们有了自己的思想和主见。作为父母，切勿还和以往一样对孩子发号施令，奢望孩子对自己完全听命。而是要给孩子更大的自由空间，让孩子自主地做出选择，孩子各方面的能力才能快速提升，从而更好地主宰和驾驭自己的人生。

在和孩子进行沟通的时候，父母一定要坚持一个原则，那就是要建议而不要命令。没有人愿意被他人命令，更没有人愿意被他人强制去做某件事情。父母尊重孩子，就体现在给孩子建议。越是年龄大一些的孩子，越是需要尊重和平等对待，因此父母要在一些事情上尽量让孩子自主地去做决定。有的时候，父母会担心孩子做出的决定不够明智。实际上，只要这个决定不会引起毁灭性的结果，那么父母无须过于紧张，毕竟孩子需要自己去经历成长的过程，哪怕是撞南墙，他们也需要自己去撞，才会感到疼痛。如果父母把孩子周围的墙壁都严严实实地包裹起来，他们即使是撞到墙上，也不会感觉到疼痛，更不会意识到自己走错了路。

当父母与孩子的意见有分歧的时候，父母不要急于去说服孩子。青春期的孩子意志非常坚定，他们在打定主意之后，就会认为自己是很有道理的，不会轻易做出妥协和改变。父母如果强求孩子做出改变，就会激发起孩子的逆反心理，使孩子更加想要与父母对着干。父母只有做到尊重孩子，给予孩子适度的自由，孩子才会进行更深入的思考，权衡不同选项之间的利弊，从而做出明智的选择。

命令孩子还会引发亲子冲突和矛盾，使亲子关系变得紧张，亲子感情

淡漠，这样的结果当然是父母不想看到的。所以从现在开始，父母要调整
心态，把孩子当成独立的生命个体来对待，父母才能始终尊重孩子，平等
对待孩子。

第六章

二孩时代，如何化解兄弟姐妹
之间的冲突

　　随着独生子女政策的废止，二胎政策的放开，很多家庭里都生了二孩，这使得原本简单的一家三口的家庭结构变得复杂起来。尤其是二孩的到来，对于大孩的存在状态产生了很大的冲击。在很多家庭中，大孩和二孩之间都会发生冲突。那么，如何化解兄弟姐妹之间的冲突，就成为父母面临的一个重大难题。曾经有一位名人说，兄弟姐妹之所以不和睦，就是因为父母做得不到位。那么，父母要如何做，才能让兄弟姐妹之间相亲相爱，让家庭生活幸福和睦呢？

生了老二，不要忽略老大

乐乐从五岁开始，就一直想要有一个小妹妹。爸爸妈妈原本很坚定地认为只生一个孩子好，但是架不住乐乐的软磨硬泡，他们终于改变了想法，答应再给乐乐生一个小弟弟或者小妹妹。但是，在决定要生小弟弟或者小妹妹之前，妈妈也和乐乐进行了"约法三章"的沟通。妈妈问乐乐："等到你有了小弟弟或者小妹妹之后，如果你在广场上玩，小弟弟或者小妹妹饿了要回家吃饭，那么你就不能继续玩，要马上跟着回家吃饭。"乐乐点头答应。妈妈又问："如果你只有一块糖，小弟弟或者小妹妹很想吃，你会怎么办？"乐乐说："我会把这块糖分成两半，给我一半，给小弟弟或者小妹妹一半。"妈妈又问："如果小弟弟或者小妹妹想全都吃掉呢？"乐乐说："那我就都给他吧。"妈妈接着问："如果小弟弟大便了，弄得到处都是，你愿意为他清洁吗？"乐乐为难地摇摇头说："太脏了，我不想给他清洁，但是其他事情我都可以做到。"妈妈由衷地笑起来。对于一个五岁的孩子而言，能够做好这样的准备，去迎接二孩的到来，其实已经是非常难得的了。就这样，妈妈和爸爸开始了准备要二胎的计划。

在乐乐七岁的时候，小妹妹出生了。小妹妹刚出生的时候，乐乐对小妹妹非常喜欢，他每天放学回到家里的第一件事就是要看看小妹妹，和小妹妹一起玩。但是随着小妹妹不断地成长，乐乐与小妹妹之间的关系变得紧张起来。有的时候，小妹妹会和乐乐抢一个玩具，在乐乐几次三番地让着小妹妹之后，他有点不愿意继续让了，就会和小妹妹开始争抢吵闹。有的时候，乐乐想吃小妹妹的辅食，小妹妹却不愿意给乐乐品尝。乐乐感到很伤心，当他再有好吃的东西时也不愿意分给小妹妹吃了。有一年夏天，小妹妹没有夏天的衣服，妈妈给小妹妹买了十几套衣服，却一件都没有给乐乐买。乐乐非常生气。他看到妈妈给小妹妹试新衣服，居然拿起剪刀把小妹妹的新衣服偷偷地剪了一个窟窿。后来，妈妈发现新衣服上的窟窿，感到很纳闷，因为这衣服一次都还没穿过呢，怎么会凭空出现一个窟窿呢。经过观察，妈妈发现这件事情是乐乐做的。妈妈当即批评乐乐："乐乐，你怎么能这么坏呢，居然把小妹妹的衣服剪破了！"乐乐瞪大眼睛，眼睛里含着泪水，他委屈地看着妈妈，嘴巴噘着，显出很倔强的样子。妈妈看到乐乐不认错，扬起手给了乐乐一巴掌。挨了打的乐乐突然爆发起来，大声喊道："我恨小妹妹，我不想要小妹妹！"妈妈很震惊，因为一直以来乐乐都特别想要小妹妹，现在为何不想要小妹妹了呢？妈妈等到乐乐情绪平静之后，耐心地和乐乐沟通，她这才意识到，原来家里人都忙着照顾小妹妹，不知不觉间忽略了乐乐，在做很多事情的时候也没有考虑到乐乐的需求，难怪乐乐会这样排斥小妹妹呢！

妈妈意识到这个问题之后，当即和爸爸约定，以后不管做什么事情，都要把乐乐放在前面，优先满足乐乐的需求，然后再满足妹妹的需求。爸爸和妈妈态度一致，他们很快地调整了教养孩子的策略，重心不再是关注小妹妹，而是更多地去关注乐乐。经过一段时间的调整之后，乐乐感受到爸爸妈妈的爱，他又像以前一样喜欢和疼爱小妹妹了。

当父母欢天喜地地迎来了生命中第二个孩子的时候，此时在这个家庭中，谁受到的冲击是最大的？有人觉得父母是最忙碌的，因为要从照顾一个孩子到照顾两个孩子。殊不知，对于二孩的到来，大孩受到的冲击是最大的。这是因为在二孩到来之前，大孩和爸爸妈妈组成了三口之家，他是家庭生活中的重心，得到了爸爸妈妈所有的爱。不管他有什么愿望，爸爸妈妈都会设法满足他。但是在二孩到来之后，爸爸妈妈毕竟时间精力有限，就没有那么多时间和精力去关注大孩，这时大孩会感到非常失落。二孩的到来，使大孩的生活发生了巨大的改变，如果此时父母忽视了大孩所面临的一切，反而觉得二孩是最需要关注的人，那也就不难理解大孩为何会仇视二孩了。

现实生活中，有很多大孩都不喜欢二孩，还会趁着父母不注意偷偷地打骂二孩，这都是因为父母没有及时地去关注到大孩的需求，更没有对这个问题引起足够重视。如果父母能够意识到问题的严重性，能够在任何时候都把大孩放在优先的位置上，那么父母就可以处理好大孩与二孩之间的关系。

具体来说，父母要如何做才算是重视大孩呢？首先，这个工作可以从妈妈开始孕育二孩做起。很多父母都是等到二孩出生之后，才开始做大孩的思想工作，其实这时候已经晚了。当妈妈开始孕育二孩的时候，就可以和大孩一起，经常抚摩妈妈的肚子，引导大孩憧憬二孩的到来，让大孩在二孩还在妈妈肚子里的时候，就对二孩产生感情。

其次，新生命呱呱坠地，很多亲朋好友都会来到家里表示祝贺，那么在他们开心地看望二孩的时候，父母对于关系比较亲近的亲友可以提前打电话提醒他们，让他们可以不给二孩带礼物，但是一定不要忘记给大孩带礼物。毕竟二孩才刚刚出生呢，还不懂得玩各种玩具，反而是大孩更需要得到关注。这样一来，大孩就会觉得小弟弟或者小妹妹的出生并没有改变他在这个家庭中的地位，他们在心理上会感到更安全，情感上也会非常满足，从而更期盼二孩的到来。

再次，父母要多多抽出时间陪伴大孩。因为有新生命的降临，让父母必须花更多的时间和精力去照顾，这就使父母用于照顾大孩的时间变得非常少，会因为忙乱而顾及不到大孩。其实，越是忙碌，越是要顾及大孩，越是要给予大孩一如既往的照顾和关爱，这样才不会改变大孩的生活状态，能避免大孩对二孩产生仇视心理。

比如在夜晚到来的时候，妈妈需要照顾二孩，那么爸爸就应该承担起陪伴大孩的任务。在入睡之前，爸爸可以为大孩讲故事，还可以和大孩一起做游戏。得到了爸爸的陪伴，大孩自然不会认为二孩夺走了父母的爱。

最后，在长期的相处过程中，如果大孩与二孩之间发生矛盾，父母切勿因为二孩还小，需要保护等为理由，就不由分说地责备大孩。这种行为很容易激发大孩对二孩的仇恨和嫉妒。明智的父母会先批评二孩，然后再为大孩指出错误。这样大孩才会欣然地接受父母的批评，从而积极地改正错误。

在一家四口之中，虽然家庭成员只有四个人，比起三口之家，只多了一个人，但是家庭关系是发生了改变。这是因为家庭中每个成员的心性都不相同，尤其是孩子，他们可能并不太会表达自己的心意，有了情绪之后也不能及时排遣。那么，父母在面对大孩的行为出现异常或者是情绪有变化时，一定要关注大孩真实的心理状态，这样才能给予大孩有效的帮助。

总而言之，在二孩时代，父母一定要多多关注大孩，要以大孩为重心，这样才能和大孩一起给予二孩更多的爱，也才能避免家庭因为二孩的到来而产生矛盾。父母要处理好大孩和二孩之间的关系，让家庭幸福和睦，成为人人羡慕的四口之家。

优先满足老大的需求

转眼之间，妹妹已经 7 岁了，正在读小学一年级。乐乐已经 14 岁了，读初中二年级。他们在同一个学校里上学。每天早晨，爸爸会送他们一起去学校，但是因为年级不同放学时间不一样，所以爸爸只能先接妹妹回家，让乐乐在放学之后自己坐班车回家。对爸爸这样的安排，乐乐非常不满意。他对爸爸说："我的学习这么紧张，你就不能来接我，让我在路上节省一些时间吗？妹妹才上一年级，她又没有那么繁重的学习任务，就算你带着她在校门口多等我一会儿再回家，也没关系呀。"爸爸当即反问乐乐："那么，我下午还怎么去上班呢？我接了妹妹在门口等着，我整个下午都不能去上班了，不去上班咱们吃什么喝什么呀？"乐乐被爸爸说得无言以对，只好保持沉默。

有一天晚上，因为老师占用了放学后的一些时间讲解习题乐乐放学比较晚。回家的时候，乐乐错过了班车，不得不步行了 50 分钟才到家。到家之后，乐乐吃完饭洗漱之后，已经是 8 点多了，这使他写作业的时间非常紧张。他当即伏案疾书，一直写到 11 点也没有完成作业。妈妈催促乐

149

乐睡觉，乐乐很生气地说："我作业还没写完，怎么能去睡觉呢？"妈妈不知道情况，问："你每天不是 10 点多就完成作业了吗？今天怎么这么晚呢？"乐乐说："今天是我错过了班车，爸爸又不愿意去接我，所以我只能步行回家。"

听到乐乐的回答，妈妈不知道应该说什么。后来妈妈和爸爸经过协商，决定以后由妈妈接妹妹放学，爸爸接乐乐放学。毕竟初二的课业真的很繁重，如果在放学的路上耽误太多时间，那么乐乐就没有足够的时间写作业了。

调整了接妹妹和乐乐的时间之后，乐乐可以坐着爸爸的电动车十分钟到家了，这为他节省了至少半个小时的时间，使他晚上的时间宽松一些，做作业的心情也很愉快。后来，乐乐对爸爸说："我还以为你们只关心妹妹不关心我呢！"爸爸笑起来说："怎么可能呢？你可是我跟你妈妈的第一个孩子呀，我们肯定是更看重你的。"乐乐纳闷地说："那你们为什么从前只是接妹妹不接我呢？"爸爸说："这是因为你已经 14 岁了，妹妹才 7 岁，她还没有独自回家的能力，而你已经可以独自回家了。我和妈妈又要工作，所以我们觉得你可以独立，也能够照顾好自己。"得到爸爸这个回答，乐乐的心结终于解开了，他一直以为爸爸妈妈爱妹妹胜过于爱他。直到现在他才知道，只是因为妹妹年龄小，她需要爸爸妈妈的照顾。

在二孩家庭中，父母如果不能同时满足两个孩子的需求，那么就要按照先后顺序分别满足两个孩子的需求。这种情况下，父母一定要把大孩的需求排在前面。因为很多大孩需求不能及时得到满足，他们往往会对父母产生抱怨，有的甚至会觉得父母不那么爱他们，而更爱妹妹或者是弟弟。虽然父母对此很清楚，他们只是因为二孩还小，更需要照顾而已，但是却不清楚这些给大孩造成了误解。为了避免造成这样的误解，父母应该把大孩的需求排在最前面，这样大孩不仅会感到满足，还会帮助父母一起照顾弟弟或妹妹，这显然是更理想的局面。

前文就说过，二孩的出生对于家庭成员来说，受到影响最大的就是大孩，这是因为大孩原本可以得到父母所有的爱和关注，随着二孩的出生，他得到的爱和关注大大减少，所以父母更要关注大孩的心态。相比之下，二孩不需要像大孩一样适应新的家庭结构，这是因为他在出生的时候家里就是一家四口，所以他只需要在他出生的家庭里健康地成长即可。

了解了这一点，父母要更加关注大孩，而不要觉得大孩已经长大了，不需要父母太多的照顾，父母理所当然地就把更多的时间和精力用于照顾二孩。其实越是如此，父母越是要侧重于满足大孩的需求。不管做什么事情，都要把大孩排在二孩前面，这样才能避免大孩对二孩的到来产生不满，才有益于在两个孩子之间建立良好的关系，减少亲子之间产生矛盾和冲突。

具体来说，大孩在生活中的需求分为两个方面，一个方面是吃喝拉撒、衣食住行等生理需求，另一个方面是精神和情感上的需求。所谓精神和情感上的需求，就是父母要更加关注大孩，要经常与大孩进行沟通，满足大孩对情感的需要，让大孩感到精神上的愉悦和情感上的满足。

马斯洛需求层次理论告诉我们，人们在基本的生理需求得到满足之后，就会渴望得到更高层次的满足，那就是精神和情感的满足。所以父母也要关注孩子更高层次的需求，毕竟在现代社会中，孩子们有丰富的物质条件，因此他们更需要得到父母的陪伴。父母在空闲的时候，要注意专门的给大孩留出时间来相处。可以选择把二孩交给老人帮忙带养一下，像以前二孩还没有出生的时候那样带着大孩，一家三口出去游玩，这会让大孩感到非常满足。

不要因为老二责骂老大

　　妹妹吵着要玩游戏《我的世界》，让乐乐帮助她打开了笔记本电脑，进入了游戏页面。妹妹玩了大概半个小时，玩得兴致盎然，一边玩一边唱歌，看起来非常开心。乐乐写了一会儿作业之后，也忍不住过来观战，看到妹妹玩得不够好，乐乐和妹妹协商之后，决定由乐乐代替妹妹来继续玩。妹妹一开始还很高兴乐乐能帮忙，但是看到乐乐一直坐在电脑前不愿意离开，妹妹又开始着急了，忍不住去抢乐乐的鼠标，她还没玩够呢，很想继续玩《我的世界》，这个时候乐乐正玩在兴头上呢，不愿意把鼠标给妹妹，兄妹俩就吵了起来。妹妹脾气火暴，吵着吵着，还扬起巴掌对着乐乐打了好几巴掌，这让乐乐非常气愤，忍不住使劲地推了妹妹一下，妹妹一屁股坐在了地上。

　　妹妹发出撕心裂肺的哭声，妈妈以为妹妹出了什么状况，急速地飞奔到书房里，看到妹妹正坐在地上哭，而作为哥哥的乐乐却坐在笔记本前玩游戏。妈妈很生气，不分青红皂白就训斥哥哥："你怎么回事儿啊？谁让你来玩游戏的呢？你不是在写作业吗？现在不是妹妹的游戏时间吗？"在妈妈一连串的提问下，哥哥一时语结，妈妈又继续训斥哥哥："赶紧回去写作业，去干你该干的事情，等写完了作业再玩！现在是妹妹的游戏时间，你不许过来捣乱！"听到妈妈说起捣乱两个字，哥哥马上情绪爆发，他冲妈妈喊道："我怎么就捣乱了？不是妹妹请我来帮忙的吗？我一片好心被当作驴肝肺，不但没有人感谢我，还在这儿批评我！"妈妈不依不饶："你是来帮忙的呀，帮忙能够把人家的权利就抢走了吗？帮忙需要帮多长时间？半个小时还是一个小时？"妈妈说的似乎也有一些道理，哥哥悻悻然地离开了。

从此之后接连好几天，妹妹再找哥哥帮她打开游戏《我的世界》，哥哥都对妹妹爱搭不理，这让妹妹很无助。一天，妹妹几次三番地央求哥哥帮忙，哥哥还是不愿意搭理她，妹妹只好去找妈妈。妈妈对哥哥说："你怎么这么小气呀，你就不会帮妹妹弄一下游戏《我的世界》吗？"哥哥冷漠地说："我为什么要帮她的忙呢？帮忙只会挨骂，又没有人感谢我！"妈妈说："你帮完忙要早一点离开，不要一帮忙就把屁股粘在电脑椅上挪不开了。"听到妈妈说话这么不友好，哥哥更加不愿意帮忙了，无奈妹妹只好放弃玩游戏《我的世界》。

在有两个孩子的家庭中，两个孩子之间发生矛盾和冲突是正常现象，父母不要因为两个孩子发生争吵，甚至是打起来，就马上过来批评。二孩虽然小，需要保护和照顾，但是并不意味着他们不会惹麻烦。很多时候，二孩反而更容易惹麻烦，一是因为他们初生牛犊不怕虎，二是因为他们年纪太小，无法与大孩进行有效的沟通，所以他们常常自行其是，为所欲为，这极大地挑战了大孩的容忍限度，使大孩不愿意继续包容他们，矛盾和冲突就不可避免地发生了。

在两个孩子发生矛盾的时候，大多数父母都会不由分说地责备大孩，这是因为他们觉得大孩已经长大了，更有力量，而且更懂得道理，为什么就不能礼让二孩？父母这样的想法对大孩是很不公平的．因为大孩虽然比二孩的年龄大，但是他毕竟也是一个孩子，并不能像父母那样无私地对弟弟或者妹妹付出。在发生矛盾的时候，父母不要不由分说地责备大孩，不要一味地包庇二孩，因为如果二孩因此而养成了骄纵任性的坏习惯，那么未来在和哥哥或者姐姐相处的过程中，他们就会变本加厉，使得家庭矛盾和冲突不断升级。

从处理家庭矛盾与冲突的角度来说，父母不能因为二孩而骂大孩，否则就会让大孩产生憎恨二孩的心理。明智的父母在两个孩子之间发生矛盾冲突时，至少会先询问事情的原因，了解事情的始末，这样才能更客观公正地解决问题。如果父母总是不分青红皂白地就数落大孩，那么大孩就会觉得任何时候都是他的错，他会把这种愤怒的情绪迁移到二孩身上，使得自己跟二孩之间出现更多的矛盾，爆发更多的冲突。

那么，父母要如何来协调大孩和二孩之间的关系呢？如果两个孩子之间的矛盾并不那么严重，也没有爆发激烈的冲突，那么父母可以让他们自己想办法解决问题。孩子自己会达成一种平衡，也会建立秩序，父母要相信两个孩子能够集思广益，一起想办法，也一定能够好好相处。

如果两个孩子之间的矛盾非常尖锐，冲突也很激烈，那么，父母就要想办法为孩子制定规则。所谓规则就是在问题发生之前或者在问题发生之后，想出解决问题的办法，前者能够起到未雨绸缪的作用，后者可以让同样的冲突在解决时"有章可循，有法可依"，当再次出现类似问题时，就可以按照事先制定好的规则去处理。其实就算是只有一个孩子的家庭里也是需要规则的，因为只有建立规则才能形成秩序，让家庭生活井然有序。

如果两个孩子之间必须要批评一个孩子，在责任不明的情况下，父母一定要先批评二孩，再批评大孩。父母先批评二孩，并不会让二孩觉得不公平，但是父母如果先批评大孩，大孩一定会因此对二孩心怀怨愤。当大孩长期处于怨愤的情绪之中，积累在心里的时间一长，就会由量变引起质变，那么大孩的心态就会发生变化，就会变得更加叛逆，这样不但会与二孩之间发生更多的矛盾，与父母之间的关系也会变得剑拔弩张。显而易见，父母并不想看到这种局面。既然如此，父母就要本着公平公正的原则，本着大孩优先的原则，协调好大孩与二孩之间的关系，让家里的气氛和谐融洽，使兄弟手足和亲子之间的关系相处得更好。

引导孩子们学会分享

在妹妹小的时候，妈妈每次买东西都会买两份，哥哥一份，妹妹一份，而且还会特别地分为男孩儿和女孩儿两个版本。但是妈妈发现了一个让她失望的现象，那就是哥哥和妹妹并不会分享，他们总是各吃各的东西，各玩各的玩具，只有当他们想在一起玩的时候，才会像对待普通的小朋友那样在一起玩耍。这不是妈妈想要的理想状态，因为妈妈希望哥哥和妹妹不分彼此，都把对方当成自己最亲近的人。

妈妈意识到给两个孩子完全相同的待遇，会让他们就像两个独生子女在一起那样成长，之后妈妈就不再给两个孩子买同样的双份东西了。以前妈妈带孩子们出去玩的时候，会给每个孩子都买一盒冰淇淋，但是现在妈妈会选择买一个大份的冰淇淋，让他们一起分享。刚开始的时候，两个孩子很不适应，尤其是妹妹，总是会和哥哥抢冰淇淋，不愿意让哥哥吃一口冰淇淋，这让哥哥非常委屈。哥哥大了，他知道妈妈的用意就是想让他和妹妹分享，但是妹妹却只想独占，这可怎么办呢？

哥哥没有向妈妈求助，妈妈就已经出手了。有一次，妈妈带着哥哥和妹妹出去，只买了一根法棍面包。他们兄妹两个都很喜欢吃蒜香味的法棍面包，妹妹扛着面包就跑，不让哥哥碰。这个时候，妈妈追上妹妹，对妹妹说："如果你不和哥哥一起分享这个面包，那么妈妈就要把这个面包没收，你一口都不能吃。如果你愿意和哥哥一起分享这个面包，那么你和哥哥两人都可以吃到面包。你选择哪一个？"妹妹已经7岁了，当然知道权衡利弊，她马上就选择要和哥哥分享面包。虽然她很心疼哥哥吃掉了大部分面包，但是她也吃到了面包，因为她可不愿意和哥哥一起挨饿呀！

很多父母发现，两个孩子长大了之后，并没有同他们预想的那样相亲相爱，相互依存，学会分享。实际上，这是因为父母在教养孩子的过程中出现了问题，进入了误区。父母要知道，提前为孩子准备两份一模一样的东西并非公平地对待孩子，这种形式上的公平只会让孩子彼此更疏远。真正的公平是两个孩子能够合理的分配资源，让彼此都得到满足。举个最简单的例子来说，14岁的哥哥和7岁的妹妹，他们的食量是不同的，如果妈妈坚持给妹妹和哥哥相同分量的饭，妹妹很有可能吃得撑到，而哥哥却根本吃不饱肚子。那么，如何才能让妹妹和哥哥之间实现一种平衡的关系呢？这就需要他们进行协商，合理分配。例如妹妹可以把自己吃不完的东西分一些给哥哥，哥哥则可以把妹妹喜欢吃的东西让给妹妹吃。这样一来，妹妹吃到了喜欢的东西就会很满足，哥哥吃饱了肚子也会感到非常满足。在这个过程中，两个孩子能各取所需，达到一种平衡，这才是真正意义上的公平。

父母之所以决定养育两个孩子，一定会有一点点私心，那就是希望这两个孩子将来在父母去世之后，能够彼此依靠，相互取暖。但是如果在教养的过程中，使孩子养成了追求绝对公平的坏习惯，那么孩子就会失去人情味，不愿意和兄弟姐妹分享。尤其是在有好吃的或者好玩的东西时，他们更是会从自身的利益出发，只顾着满足自己的利益需求，而忽视了对方，这与父母的初心相去甚远。

要想培养孩子学会分享的好习惯，就要降低孩子因为分享而产生矛盾冲突的概率。父母就要从孩子小时候做起，习惯于为两个孩子提供一份东西，让孩子尽早地学习分配。例如，如果家里有双胞胎，那么他们在同一个时间段所需要的营养都是一样的，想吃的食物也都是相似的，那么父母为他们提供同一份食物，或者是同一个玩具，家里所有东西都是一份儿，两个孩子渐渐地就能学会分享，也能学会如何公平合理地分配。

父母培养孩子从小养成合理分配的好习惯，等到孩子升入初中、高中之后，孩子们之间才能彼此谦让，互相包容，这才是父母真正想要看到的手足情深的场面。所以父母切勿犯短视的错误，为了孩子之间能保持和平，就为孩子提供两份一模一样的东西。等到孩子长大了，他们不会分配，不懂得分享就会因此而爆发矛盾，而且可能使得矛盾变得更加不可调和。

兄弟姐妹鸡飞狗跳，都是当父母的没做好

正在读一年级的妹妹最近感到非常焦虑。这是因为学校里老师教的那些知识，她跟不上进度，常常感到非常吃力。妈妈看到妹妹在学习上很吃力，就对妹妹说："有不会的题目，你可以去问哥哥，哥哥可以教你的，他都学过了。"妹妹得到妈妈的建议非常高兴，当即拿着书本去找哥哥帮忙。但是哥哥正在做一张难度很大的试卷，他不想分心去帮助妹妹，因而对妈妈说："您以前不也是老师吗？您为什么不能教她呢？我正在专心致志地做试卷，而且我要计算完成这张试卷所用的时间，中间不能停下来。"妈妈对哥哥的解释不以为意，说："这又不是在现场考试，你就算停下来十分钟又有什么关系呢？等会儿，你把这十分钟从你用的时间里减掉不就好了吗？"对于妈妈说的话，哥哥感到很无奈，他说："我正在思考一些难题，如果中途停下来，就会前功尽弃。反正我不教她，您自己教吧！"听到哥哥的话，妹妹当即生气了，对着哥哥又喊又叫说："你这个坏哥哥，为什么不教我？"妈妈也给妹妹帮腔，说："哥哥是个自私鬼，走吧，妈妈去教你！"从此之后，妹妹就总是称呼哥哥为自私鬼，这让哥哥特别抓狂，

恨不得揪住妹妹暴打一顿，或者是把妹妹的嘴巴用胶布封起来，这样妹妹就不能再说他是自私鬼了。

周末，哥哥的同学来家里做客。看到哥哥同学来家里，妹妹表现得很热情，拿出各种零食和水果来招待哥哥的同学。正当大家都表扬她非常热情周到的时候，她却当着大家的面说："我是热情周到的小主人，我哥哥是个自私鬼！"听到这话，哥哥当即满脸通红，生气地质问妹妹："你再说我试试？你凭什么说我是个自私鬼？你要再说我是个自私鬼，我就要狠狠地揍你！"妹妹对哥哥的恐吓丝毫不感到害怕，反而说："妈妈说你是自私鬼啊，难道你忘了吗？你就是自私鬼！"哥哥忍不住抬手给了妹妹一巴掌，妹妹马上大哭着去找妈妈了。同学们看到哥哥和妹妹打了起来，都觉得很尴尬，就纷纷地告辞回家了。

作为父母，切勿在一个孩子的面前说另一个孩子的坏话，也不要当着两个孩子的面，说其中某一个孩子的坏话。这是因为孩子往往把父母的话当成"圣旨"，越小的孩子越是会对父母的话很信服，他们甚至会把父母对他们的评价当成自我评价，从而对自己形成错误的认知。当然，他们也会把父母对兄弟姐妹的评价当成兄弟姐妹的标签，贴在兄弟姐妹的身上，甚至以此为由给兄弟姐妹起外号。在这个事例中，妹妹之所以称呼哥哥为自私鬼，是因为妈妈先当着他们的面说哥哥是自私鬼，可想而知，在未来的日子里，因为"自私鬼"这三个字，妹妹和哥哥之间可能还会爆发冲突。

原本还算和谐友善的兄妹关系，为何转眼之间就变得如此剑拔弩张，使家里的气氛也跟着非常紧张呢？这是因为妈妈没有扮演好自己的角色，她没有当着两个孩子的面做到公平公正，所以就让孩子钻了空子。

孩子都会察言观色，他们会观察自己的行为表现能否得到父母的许可，也会在得到父母的许可之后，使自己的行为表现更加夸张，或者在自己的表现被父母批评和否定之后，对父母充满抱怨。作为父母，一定要始终坚持公平公正的原则，给予孩子正确的对待。即使孩子犯了错误，也要保持情绪的平静，为孩子指出错误，给予孩子适度的批评。当孩子之间发生矛盾的时候，父母更是要坚持公平公正的原则，切勿随随便便地批评某一个孩子，也不要因为自己先入为主的偏见而对某一个孩子怀有成见。

在家庭生活中，父母是家庭的顶梁柱，也是家庭成员之间矛盾的裁决者和审判官。当孩子之间发生矛盾的时候，父母一定要坚持做到秉公处理，这样才能让每个家庭成员都心服口服。反之，如果父母总是偏袒某一方，或者总是对某一方寄予特别的厚望，或者给予某一方特殊的优待，那么另一方就会对此心怀不满。显而易见，这对维持家庭关系的平衡，保持家庭气氛的和睦是非常不利的。最终父母不但不能继续偏爱某一个孩子，甚至还有可能因此而使家里"鸡飞狗跳"。随着孩子不断成长，他们越来越渴望得到公平，父母一定要尽力满足孩子的需求。虽然在有不止一个孩子的家庭里，家庭成员之间的关系会复杂，人际关系也会更加微妙，但是只要父母多用心，秉持原则，坚持底线，处理好各种问题，那么家庭生活就会和谐美好。

第七章

作业战役：
从鸡飞狗跳到其乐融融

前段时间网络上流行一个段子，大概的意思是说，每天晚上，当孩子开始写作业的时候，家里就会鸡飞狗跳，有心脏病的父母气得心脏病复发进了医院；没有心脏病的父母气得和孩子动起手来，恨不得和孩子拼个你死我活；还有一些好脾气的父母被孩子气得心口疼，只能够一边默默忍受，一边仍然坚守岗位，看着孩子写作业。在每一个家庭里，每一对父母都会关注孩子的学习，这也注定了每个家庭里都会展开"作业战役"。为了更好地陪伴孩子写作业，督促孩子学习，父母一定要掌握正确的方式方法，才能改变家里"鸡飞狗跳"的局面，让家庭氛围其乐融融。

为何作业一出场，就再也不见母慈子孝

　　每天放学回到家里，思思都会吃到妈妈提前为她准备好的点心和酸奶，这样美味可口的食物和轻松舒适的氛围，是她一天中最快乐的时光了。有的时候，妈妈还会批准她可以一边吃点心，一边喝酸奶，还可以一边看动画片呢。吃饱喝足之后，思思才开始写作业。从思思拿出作业本的那一刻开始，家里上一刻还是和谐友好的气氛突然之间就变得紧张压抑，甚至是剑拔弩张，这是为什么呢？

　　妈妈虽然是全职家庭主妇，但是每天要做的事情也有很多，尤其是傍晚，不仅要为思思准备点心而且要叮嘱思思做作业，还因为爸爸下班回到家里就要开饭，所以妈妈还需要准备饭菜。一般在为思思准备好放学回家吃的点心之后，妈妈就开始为晚餐做准备。然而，看到思思在吃完了点心，喝完了酸奶之后，还是磨磨蹭蹭地不愿意写作业，妈妈就会满心怒火，忍不住对着思思大吼起来。这不，看到思思用了十分钟还没有整理好写作业要用的文具，妈妈开始了"河东狮吼"："思思，你的作业本到现在还没有拿出来吗？你拿一个作业本就需要十分钟，那你完成作业岂不是要用十个小时吗？"思思听出妈妈话语中的讽刺意味，对妈妈翻了翻白眼，略微加快了一点速度。

才刚刚写了几个字，思思又开始了小动作。她手中拿着一支铅笔不停地旋转，期间还会找找橡皮，或者是找一张草稿纸，总之一个小时过去了，思思连一半的作业都没有完成。妈妈知道，等到爸爸回家吃完饭，思思又会写到八、九点。其实思思才上三年级，作业并没有那么多，但是她每天晚上都要写上好几个小时。妈妈已经问过其他同学的家长，得知其他同学每天只需要一个多小时就能完成作业。她不由得担忧：如果思思考试的时候也是以这样的速度来答题，那么估计连半张试卷的考题也做不完吧！

直到妈妈做完晚饭，思思的作业还是没有完成，而且才写了一点点，妈妈忍不住冲思思吼道："你这个孩子真是好吃懒做，你每天回到家里都要吃东西，吃完了之后却不做自己该做的事情！我看，你从明天开始，放学回家之后就不要吃东西了，什么时候写完作业什么时候再吃！"思思马上反驳："妈妈，你是想把我饿死吗？"妈妈无奈地说："对，我就是想把你饿死！你要是不想被饿死，就要好好写作业，写完了你就可以吃饭。"思思皱起眉头："作业那么多，我怎么能写完？估计还没写完呢，我就饿死了！"妈妈生气地在思思头上拍了一下，说："我看那么多同学回到家里都是先写作业，等到父母下班了才能吃饭，一个也没饿死，都活得好好的呢！而且，人家的作业写得还又快又好。"听到妈妈把自己和其他同学比，思思不吭声了，她最讨厌妈妈把她和其他同学比较。第二天，虽然妈妈不允许思思先吃东西再写作业，但是思思写作业的速度还是没有加快，谁让她已经养成了磨蹭拖延的坏习惯呢！

在很多家庭里，每天的时间安排都很紧张，主要是因为家里的孩子正在上学。在孩子学龄之前，夜晚到来时，家里的气氛是非常和谐的。因为父母工作了一整天，傍晚回到家里吃完饭简单洗漱之后，就可以陪伴孩子玩耍了。不管是对于父母来说，还是对于孩子来说，这都是难得的亲子时光。但是在孩子上学之后，这样的情境却不复存在了，因为每天晚上都是孩子要完成作业的时间。父母如果不能督促孩子高质量地完成作业，那么次日孩子去学校就会被老师批评，还有可能父母也会因此被老师批评，所以父母的心理压力也是很大的。

孩子之所以一写作业家里就"鸡飞狗跳"，再也不见母慈子孝的情景，而是彼此怒目相视，甚至歇斯底里地互相喊叫，原因有几个。首先是因为孩子没有养成良好的时间观念。很多父母因为心疼孩子，在孩子放学回家之后，会让孩子先吃一些零食，甚至让孩子休息一会儿。尤其是在大城市里，孩子下午三点多就放学了，父母觉得反正还有很多时间写作业，所以也不着急让孩子完成作业。殊不知，正是因为父母有这样的散漫放纵的态度，所以孩子完全没有珍惜时间的意识，时间观念淡薄。在这个方面，父母一定要为孩子立好规矩，即放学一回到家里就开始写作业，而不要把时间用来做其他的事情。这不是说孩子不能吃零食，而是因为孩子一旦开始做其他的事情，就很难再专心致志地去完成作业。

其次，很多父母都习惯每天为孩子检查作业。孩子做作业是他自己的事情，父母不可能永远跟在孩子身后为他们检查各种作业，因此，父母要培养孩子独立完成作业，自主检查的好习惯。这样就可以脱身去做家务或者从事一些工作，有效避免了既要工作，做家务，又要检查孩子作业完成质量的忙乱。

再次，父母要保持淡定平和的心理状态。有些父母一旦发现孩子作业上出现了错误，就指责孩子，甚至会打骂孩子。实际上，父母可以仔细回想一下自己小时候，难道做的所有作业都能够保证全对吗？当然不是。孩子正处于学习的过程中，知识掌握得不够牢固，这属于正常现象，出现一些错误也是在所难免的。另外，父母要允许孩子犯错，无须每天都帮助孩子检查作业，而是可以引导孩子自主地去发现错误，并且积极地改正错误，在这个过程里，孩子会发现自己身上的不足。如果父母已经培养了孩子独立完成作业的好习惯，那么即使看到孩子作业上出现错误，也无须立刻为孩子指出来，这是因为老师会批改孩子的作业，会要求孩子做出改正。这样孩子就能够对自己弄错的地方掌握得更加牢固。

最后，要帮助孩子养成积极思考的好习惯。很多孩子在做作业的时候，遇到不会做的题目时，就会选择去问父母。父母为了省事会直接告诉孩子答案，实际上这对孩子是极不负责任的。因为孩子在考试的过程中也会遇到不会的题目，难道父母能够跟孩子一起参加考试，为孩子答疑解惑吗？当然不可能。父母直截了当地告诉孩子难题的答案，会让孩子养成懒于动脑的坏习惯。这样会使孩子在学习上遇到困难的时候，产生畏难心理甚至会想要放弃，所以父母不要因为怕麻烦就直接告诉孩子答案，而是可以引导孩子去查阅相关的资料，让孩子自己去寻找答案，这对来孩子来说才是可取的做法。

作为学生每天都要完成作业，父母应该习惯这样的生活，以平静淡然的态度，每天陪伴孩子完成作业，而不要因为作业就闹得家里鸡飞狗跳。毕竟孩子的学习是一个漫长的过程，如果每天写作业都如同开战一样，别说父母受不了，就算孩子自己也受不了。如果孩子对学习产生了抵触心理，或者不愿意听父母的话，那么家庭教育的开展就会更不顺利，也不能起到良好的效果，这不就违背了初心吗？

如何帮助孩子戒掉拖延

小学阶段，乐乐的拖延症很严重。几乎是每天晚上妈妈都要再三地催促乐乐，乐乐才能在规定的时间内完成作业。有一年刚刚放暑假，乐乐觉得暑假很长，所以并没有着急去写暑假作业。虽然在刚放假时，妈妈就建议他要制订一个暑期作业完成计划表，但是他不愿意去做，妈妈也没有强求乐乐，而是等着看乐乐最终如果不能完成暑假作业，他会怎么办。

转眼之间，暑假已经过去了一个月，但是乐乐的暑假作业做了不到十分之一。妈妈眼看着时间一天天过去，强忍着不催促乐乐。就这样，到了开学前三天的时候，乐乐开始"恶补"作业。他从早上起床就开始写作业，一直写到深夜。但是因为太困倦了，第二天早上又起不来，所以乐乐虽然是补了三天的作业，甚至最后一天晚上写到了凌晨，但乐乐最终还是没有完成作业。次日就要去学校报到了，乐乐担心会被老师批评，小脑筋开足马力地转着，想要想出个办法来解决眼前的问题。次日早晨起床之后，乐乐对妈妈说："妈妈，我觉得不舒服，今天能不能不去学校？"他可不知道妈妈一直以来正等着这一天呢，妈妈坚定地对乐乐说："不能。你必须去学校，我刚刚测量了你的体温，你没有发烧。"其实妈妈知道乐乐的小心思，但是她打定主意要借此机会给乐乐一个教训。

乐乐怀着忐忑不安的心情去了学校。中午时分，他回到家里，妈妈观察乐乐的表情，乐乐掩饰不住高兴地告诉妈妈："今天老师没有收作业，我正好可以再写一些。"中午，乐乐匆忙地吃了几口饭之后，又开始争分夺秒地写作业。直到晚上十点多，乐乐终于把所有的作业都写完了，感觉如释重负。这个时候，妈妈轻描淡写地问乐乐："今年的寒假，你也准备这么过吗？"乐乐摇摇头，说："我一定要先完成作业！"果然到了寒假的时候，乐乐不用妈妈督促，就制订了计划表，而且每天都能够超额完成一些作业。就这样，原计划 20 天完成的作业，乐乐只用了 15 天就完成了，乐乐度过了一个非常愉快的寒假。

父母越是催促孩子，孩子的拖延症往往会越严重。这是因为在父母的催促下，孩子在心理上就有了依靠，会怀着侥幸的心理，不愿意主动去规划很多事情。要想帮助孩子戒掉拖延症，父母可以借鉴上述事例中乐乐妈妈的做法。那就是在整个漫长的暑假中，始终强忍着不催促孩子完成作业，直到暑假结束，马上就要开学了，再眼睁睁地看到孩子"恶补"作业，并且以坚决的态度要求孩子带着没有完成的作业去学校，接受老师的批评。

孩子因为拖延引发的问题非常急迫，需要立刻得到解决，但是孩子却不肯去采取行动。这种习惯要是养成，会一直伴随着孩子升入初中、高中、甚至大学毕业以后的工作生活中，对孩子的影响是巨大的。无疑，让孩子自己去承担拖延的后果，这是让孩子戒掉拖延的最好方法之一。如果孩子总是拖延，却从来不知道拖延会引起多么严重的后果，也不需要为自己拖延的行为负责，那么他们的拖延行为就会变本加厉。只有让孩子意识到由于拖延会产生怎样的后果，并让孩子亲自承担相应的责任，孩子才能对此有更深的感触。所谓吃一堑长一智。当孩子尝到了拖延的恶果，他们不需要父母再督促，自己就会主动去改变拖延的毛病，也会主动积极地战胜拖延。

让孩子知道，他是为了自己而读书

期中考试的成绩出来了，思哲的成绩还不错。他拿着成绩单兴冲冲地给爸爸妈妈看，然后对爸爸妈妈伸出手来。爸爸妈妈不知道思哲是什么意思，疑惑不解地看着思哲，思哲说："奖金呀！你们还没给我奖金呢！"原来，思哲前几次的考试成绩很好，爸爸妈妈曾经为此奖励过他奖金。看到思哲又要奖金，妈妈觉得有点儿不对劲。她对思哲说："思哲，你学习可不是为了我和爸爸呀！你不要觉得你每天去学校学习，是在给我和爸爸打工。正是我和爸爸辛苦地工作，给你提供更好的条件，你才能有这么安逸舒适的环境去学习。如果我和爸爸好吃懒做，那么你也许会生存得非常艰难，也就没有这么好的条件去学习了。所以你取得好成绩的时候，应该感谢我和爸爸，而不是向我和爸爸要奖金，这不是本末倒置了吗？"

听了妈妈的话，思哲明显表现出很失望的样子。他想了想说："但是上次我考得好，你们就给我奖金了。"妈妈说："上次我们给你奖金，是奖励你非常努力，并不是因为你考得好。你是在学习，不是在赚钱，你看看谁能够一边学习一边赚钱呢。除非你学习成绩出类拔萃，可以从学校里拿到奖学金，那你才是通过学习这种方式赚钱给自己。"思哲看到妈妈说得很坚决，非常失落。他唉声叹气，觉得自己这么努力都是在白费劲。后来的几天，思哲在学习上提不起兴致，成绩很快就出现了下滑。妈妈了解了思哲的学习状态之后，语重心长地对思哲说："思哲，你学习是为了自己，虽然没有奖金，但是你以后会因此而得到更多的好处。你可以设想一下，如果没有文化，将来就只能靠着出卖劳动力养活自己，那是非常辛苦的；如果你将来能够考上名牌大学，学习一个很好的专业，那么你毕业之后就会凭借所学到的知识有一份非常好的工作，有稳定的收入，不但能够养活自己，还能够为社会创造价值，这多么有意义啊。"思哲说："你说的意义距离现在的我很远呢，我只想现在就得到实实在在的好处。"妈妈听到思哲的话，说："既然如此，我只能告诉你，考得好没有任何奖金，成绩本身就是对你最大的奖励！"思哲悻悻地走开，回到房间里把门重重地关上，很长时间都没有出来。

有很多孩子都弄不清楚自己是在为谁而读书，尤其是当父母因为孩子学习上有了进步，或者是考取了比较好的成绩，而慷慨地给孩子各种奖励的时候，会让孩子感到更加困惑。他们会觉得自己学习是为了父母而学的，所以只要学习好，父母理所当然地要给予他们奖励，但这样的想法是错误的。

每个人通过读书学习所掌握的知识都是为了自己，而不是为了他人，所以孩子要早早地明白这个道理，才能激发自身的驱动力，主动自发地学习，从而不荒废小学、初中、高中、甚至大学阶段的宝贵学习时光。作为父母，切勿对孩子滥用物质奖励和金钱奖励，虽然物质奖励和金钱奖励能够在短时期内起到较好的效果，但是它们所产生的动力都属于外部驱动力，能够维持的时间是非常短暂的。明智的父母会激发孩子的内部驱动力，让孩子主动自发地坚持好好学习，让孩子明白学习对于自己的意义。内部驱动力，是源自孩子内心的一种力量，这种力量的作用是巨大而无穷的是任何奖励都不能比拟的。

如果父母实在特别想奖励孩子，可以考虑一些能够为孩子带来学习体验和增进亲子感情机会的事情。比如可以带孩子出去玩，或者是奖励给孩子一本书，或者是奖励孩子可以要求父母陪伴他们多长时间。对孩子来说，这样的奖励方式远远比物质和金钱更有意义。父母在面对孩子学习的时候，不要抱怨孩子不够积极主动，父母首先要做好的是采取正确的方式鼓励孩子，让孩子知道他是在为自己而读书，这样孩子才会奋发向上。

学会比较：纵向比较or横向比较

这次期末考试，正在上高一的马波的学习成绩有所波动。和期中考试的成绩相比，下滑了好几个名次。看到马波有所下滑的学习成绩，妈妈感到非常紧张。虽然妈妈并没有当即批评他，但是却心急如焚，她很想找到一个方法，能够激励马波学习更加努力。

吃晚饭的时候，妈妈装作漫不经心的样子，问起年级排名第一的同学是谁。当得知年级排名第一的孩子连续几次考试都是第一名时，妈妈忍不住感慨道："这是谁家的孩子这么优秀呀？居然能够连续得第一名。"听到妈妈的话，马波有些不高兴，说："连续夺得第一名有什么难的？我要是愿意，我也能做到。"妈妈听到马波说出这样的话，非常惊讶："哦，真的吗？那么下次你就和这个年级第一名比一比，好不好？"马波却不以为然地说："我才不愿意和他比呢，我只想做我自己，我想考多少分就考多少分。"妈妈故意激怒马波："我看你根本就是比不上人家。人家每次都能考年级第一名，你只是上次考得还不错，这次就落后了好几名，我看你根本就不敢向第一名挑战！"马波被妈妈的话激怒了，说："你总是把我和别人家的孩子比，你怎么不拿你自己和别人家的父母比呢？我们班级里有同学的父母是大学老师，有同学的父母是政府机关的公务员，那你和爸爸呢？你们都是普普通通的劳动人民，你们虽然不像农民工那样要干重体力活，但是你们做的工作都很平庸，每个人都可以做。我都没有要求你们要超过别人的父母，你们为什么要这么要求我？"

马波的一番话让妈妈无话可说。的确，妈妈和大多数的父母一样，很喜欢把自己的孩子跟别人家的孩子比较，但是这样对孩子来说真的公平吗？如果孩子把自己的父母和那些优秀的父母放在一起比较，也对父母提出过分的要求，父母是否能够接受呢？这样想着，妈妈不由得感到理亏，她对马波说："我只希望你能够发挥最大的力量，达到你最高的水平。你可以不跟别人比，但是你必须尽力，不能贪玩，明白吗？

现实生活中，很多父母都喜欢把自己的孩子和其他孩子放在一块儿比较，这是因为他们总觉得别人家的孩子更优秀，而自己家的孩子却总是有各种各样的缺点和不足。在这样的心态影响下，父母在和自己家的孩子进行沟通时，常常会不自觉地就把别人家的孩子挂在嘴边，引起自家孩子的反感。特别是孩子在升入初中或高中以后，他们的这种情绪反应会更加激烈。

把自己家的孩子和别人家的孩子比较，其实是在进行横向比较。对于成长过程中的孩子而言，进行这样的横向比较并不合理。这是因为每个孩子天赋不同，他们所成长的家庭环境也不同，此外，他们在学习上付出努力的程度也不同。既然如此，又为何要把孩子们放在一起比较呢？明智的父母不会对孩子进行横向比较，而是会对孩子进行纵向比较。

所谓纵向比较，就是把孩子的今天与昨天比较，把孩子的明天与今天比较，也就是说孩子比较的对象是不同时间段的自己，这样就能够看出孩子是否有进步，在哪些方面还需要改进。这对于孩子的成长将会起到极大的促进作用。

很多孩子一听到父母把自己和其他孩子进行横向比较，就会特别的反感，甚至会与父母之间发生冲突。当父母把他们与曾经的自己进行纵向比较的时候，他们却不会暴怒，这是因为他们也很想看到自己在某些方面是否有进步。父母选择进行纵向比较的方式，恰恰迎合了孩子这样的心理需求，满足了孩子的愿望，当然能够激励孩子做出更好的表现。

每个孩子都是与众不同的。父母要学会包容孩子，要站在孩子的角度上思考问题，理解孩子。不管孩子在某些方面的表现是好还是差，父母都要认识到孩子的一切表现都是合理且正常的，只有在接纳孩子的基础上，父母才能减少与孩子发生矛盾和冲突的概率，从而更好地教育孩子。

并非每个孩子都是学习天才

　　柏林是一个非常努力认真的孩子。当大多数同学都在玩耍的时候，他却在认真地学习；当大多数同学都在抱怨作业太多的时候，他却在一笔一画认认真真地完成作业。看到柏林对学习的态度这么端正积极，妈妈感到很欣慰。在小学阶段，柏林的学习成绩还是可以的，但是自从上了初中，也许是因为学科增多，学习的难度增大的缘故，所以尽管柏林在学习上非常努力认真，但却并没有取得良好的成绩。

　　一开始，妈妈觉得柏林可能是没有掌握学习的方法，或者是因为进了初中阶段之后还不太适应，所以成绩出现波动。于是她为柏林请了家教老师。家教老师每隔几天就会来给柏林上课，也给了柏林很多帮助，但是柏林在学习上还是没有明显的提高。看到这样的情况，妈妈非常着急，她想换一个老师。在征求柏林的意见时，柏林说："老师讲得很好。"但是，柏林为何在补习之后成绩却还是没有得到提高呢？

　　后来，妈妈与老师都进行了沟通，得知柏林虽然足够认真和勤奋，但是他的头脑却不够聪明。尤其是在遇到难题的时候，总是需要很长时间才能想明白。得知柏林在学习方面并没有天赋，渐渐地妈妈也就不对柏林抱有过高的期望了。她常常对柏林说："只要尽力而为，妈妈就不怪你。每个人都有每个人的道路，你能考上名牌大学当然更好，就算考不上名牌大学，你也可以去学一门技术，将来也能靠着手艺吃饭。所以不要担心，放开手脚去学习，尽心尽力就好！"得到妈妈这样的安慰，柏林也放下心来。

对于一个听话懂事的孩子来说，他当然想在学习上有出类拔萃的表现，但是现状又总是不尽如人意的。这是因为并非每个孩子在学习上都具备先天的优势，尤其是有些孩子天生反应能力比较慢，在学习上不占据优势。当发现孩子不是学习上的天才时，我们不妨学习柏林妈妈的态度。即让孩子尽心尽力地学习，而不强求孩子一定要取得怎样的成绩，这样父母和孩子都会感到轻松，也就不会因此而爆发矛盾和冲突。

现实生活中，有太多的父母都觉得自家孩子是非常优秀的，就是因为这种心态的影响，他们会对孩子提出过高的要求。实际上，每个孩子身上都有自己的优势和长处，也就是说不是所有的孩子都很擅长学习，也并非都能够在学习上出类拔萃。所以，父母要接受孩子的普通和平凡，这样才能以心平气和的心态面对孩子在初中、高中阶段平凡的表现，并且能够接受孩子并不是出类拔萃者的现状。

父母发自内心地接受孩子的现状，就不会对孩子提出过于苛刻的要求。孩子的成长受到很多因素的影响，孩子是否能够成才也并非只有学习这一条路可走。父母要想让孩子身心健康地成长，培养孩子良好的心态，让孩子在遇到问题的时候能够采取积极的态度去应对，拥有强大的内心，这对于他们将来的人生发展是非常重要的。

如果父母不能接受孩子在学习上处于落后状态的事实，那么也可以想一想自己小时候在学习方面是否只要努力，就能够取得好成绩呢？学习并不是一件靠着主观愿望就能够做好的事情。这是因为学习成绩的好坏取决于很多方面的因素。与孩子的家庭环境、就读的学校，自身的天赋和后天的努力程度等，都密切相关。父母要更加包容和理解孩子，既然孩子从来没有要求父母必须出类拔萃，那么父母又何必要强求孩子必须出人头地呢？大多数人都拥有普通平凡的一生，也许我们的孩子将来也是其中的一员。如果父母对于孩子普通的现状不够满意，对孩子进行各种挑剔和苛责，那么孩子就会觉得非常失落。反之，如果父母能够接纳孩子普通的现状，能够积极地发现孩子身上的优点和闪光点，并且给予孩子发自内心的赏识，孩子就会过得简单而快乐。

第八章

当好父母，
是每个人一生最伟大的事业

随着孩子出生，我们自然升级成为父母，但是这并不意味着我们能够当好父母。当好父母不但要照顾好孩子，还要教育好孩子，尤其是当孩子遭遇坎坷挫折时，父母不仅要陪伴在孩子身边，还要给孩子指引和帮助。有人说，当好父母是每个人毕生最伟大的事业。这句话非常有道理。只有全身心地投入到这项伟大的事业当中，我们才能成为合格甚至是优秀的父母。

当好父母从来不是一件简单容易的事情。尤其是在面对古灵精怪的孩子时，父母更是要做好方方面面的事情，才能陪伴孩子成长。而且，父母即使付出再多，也有可能被孩子挑剔，或者因为教育失误而影响孩子的成长，这样的结果是父母不想看到的。父母要想避免发生这样的情况，就要先于孩子保持进步，坚持成长，才能成就家庭教育的"百年大计"。

坚定平和地拒绝孩子的无理要求

每次带莹莹去超市或者商场，妈妈都感到特别发愁，这是因为莹莹在进了超市或者商场之后，总是要求妈妈给自己买各种各样的东西。如果妈妈不给她买，她就会很生气，有时还会哭哭啼啼地纠缠妈妈，超市和商场是公共场合这让妈妈觉得很尴尬。

为此，妈妈只能尽量避免带她去商场或是超市。莹莹现在已经9岁了，她开始读小学三年级了，变得更加懂事，自控力也有所增强。有一天，莹莹回到家里，兴奋地告诉妈妈："妈妈，明天我们要去春游。"妈妈答应带莹莹去超市里买参加春游需要用到的东西。在出家门之前，妈妈就和莹莹约定好："去了超市之后，可以买一些零食，但是必须要控制在50块钱以内，因为家里有水果牛奶，所以只要花50块钱就可以买够明天需要的零食了。"莹莹对妈妈说的话表示认可。妈妈又对莹莹说："如果你要有超出我们约定好的开支，妈妈是会拒绝你的，你可不要像小时候那样撒泼打滚儿，让咱俩都很尴尬呀！"听到妈妈说起小时候的糗事，莹莹有些不好意思地说："那是我小时候不懂事儿，现在我已经长大了！"

到了超市，妈妈和莹莹选购了一些美味的零食，估算着大概已经到了 50 块钱，妈妈建议结账回家，莹莹却还想在超市里逛悠一会儿。想到莹莹很少逛超市，妈妈答应了莹莹的请求。逛着逛着，莹莹看到了最新款的零食，还带一个玩具呢！莹莹很想要这个零食，但是这个零食要 100 多块钱，妈妈当即就拒绝了。妈妈对莹莹说："记得我们的约定吗？你可不能违反啊！"莹莹很纠结，她一直站在货架前，透过包装盒看着零食里的玩具。看着莹莹眼馋的样子，妈妈有些心软，想要满足莹莹的要求，但是一想到如果这次打破了规矩，未来莹莹就会更加变本加厉，想到这里妈妈只好坚持原则。于是，妈妈和善而又坚定地对莹莹说："这个是我们事先约定好的事情，谁也不能更改。妈妈相信你已经长大了，有自控力，应该能够控制住自己的欲望。"妈妈既没有批评莹莹，也没有训斥莹莹，而是以平静的语气向莹莹传达了她的意思。莹莹没法继续跟妈妈提出要求，只好遗憾地跟着妈妈离开了超市。

作为父母，经常面对的就是孩子提出的各种各样的请求。尤其是在去商场、超市等综合性卖场的时候，孩子看到琳琅满目的商品，既有美味的食物，又有好玩的玩具，就忍不住会心动。在这种情况下，如果妈妈不能坚定平和地拒绝孩子，而是满足孩子的要求，那么孩子的要求一定会越来越多，甚至他们还会变本加厉，对父母提出更多的要求。所以父母必须把握原则，不要让孩子有可乘之机。

其实，孩子如果想要一个东西，父母是可以满足他们的。但是在已经提前约定好不买的情况下，父母这时却不能违反约定去给孩子买这个东西。这是因为孩子在看到父母一次次地妥协之后，知道父母的底线是可以打破的，就会接二连三地对父母提出更多的要求。因此遇到孩子提出约定外的请求时，父母就要平和而坚定地、有方法有原则地处理和拒绝。那么在拒绝孩子请求的时候，父母应该坚持哪些原则呢？

首先，要判断孩子的请求是否合理。有些孩子的请求是合理的，例如孩子上学需要购买一些文具，那么父母就要积极地为孩子购买，以支持孩子好好学习。也有些孩子的请求是不合理的，就像上面事例中的莹莹。她已经买了大概50元钱的零食，达到了和妈妈事先约定好的钱数，这个时候再要求妈妈买一个100多元的零食，显然是不合理的要求。所以妈妈拒绝她，她也无话可说。在这种情况下，父母要坚定，而不要因为孩子苦苦哀求就不忍拒绝孩子，这只会让孩子习惯于钻父母的空子。

其次，要选择合适的方式拒绝孩子。很多父母在拒绝孩子的时候态度不够坚定，会让孩子觉得这件事情还有转机，所以他们就会选择纠缠父母，继续请求父母满足自己，使得事情变得更加棘手。此外，在拒绝孩子的时候，父母还要以合适的措辞和恰当的态度去拒绝。有些父母在拒绝孩子时往往声色俱厉，恨不得狠狠地批评孩子一顿。父母要理解，孩子想要各种玩具或者零食的想法是正常的，他们并没有犯错误。所以父母拒绝孩子时要尊重孩子，要以孩子能够接受的方式表达拒绝的意思，而不要呵斥或者侮辱孩子，否则就会伤害孩子的自尊心。

最后，在拒绝孩子的时候，父母也可以给孩子一点承诺，或者是让孩子心中有希望。例如孩子想要一个好玩的玩具，恰逢孩子很快就要过生日了，父母可以允诺购买这个玩具作为生日礼物送给孩子。这使孩子即使遭到了拒绝，也依然心怀希望。他们会知道，父母并不是真的要拒绝他们，或者舍不得为他们买礼物，而是需要在适当的时候把他们想要的东西，作为礼物送给他们。这样的方法能使孩子有所期待，在希望之中，快乐平静地等待。

满足孩子的欲望要有尺度。孩子会有各种各样的欲望，父母切勿无限度地满足孩子的欲望，而要有选择地满足孩子。尤其是在孩子提出各种要求的情况下，父母更是要进行权衡，坚决拒绝孩子不合理的要求，这样才能让孩子学会控制自己的欲望，也避免孩子继续提出不合理的要求。

孩子不可能对任何事情都感到非常满意，也不可能自己提出的任何要求都会得到满足。父母如果从小就骄纵孩子，不管孩子提出什么要求就当即满足孩子，这会让孩子陷入欲望的深渊之中无法自拔。父母要让孩子从小就习惯于接受拒绝，接受挫折，承受失败，这样孩子的内心才会更强大，也将学会坦然地面对学习及生活中的各种遭遇。

对孩子信守承诺

马上就要放暑假了，妈妈承诺带猪猪去迪士尼玩，但是猪猪对于妈妈的承诺并没有当回事，而是对妈妈说："我才不相信你说的话呢，现在距离放暑假还有一个多月的时间，到时候你肯定会变卦的！"听到猪猪的话，妈妈感到很伤心，她对猪猪说："我不会变卦呀，我既然对你说出来了，我就会努力做到。"猪猪说："算了吧，上次你就跟我说要带我去常州恐龙园玩，但是才过去几天，你就因为出差而改了主意，我只能独自失望。"这时，妈妈才想起来自己曾经对猪猪食言这件事情，她向猪猪解释："当时，妈妈的确是因为要出差，这是没有办法更改的事情。这次只要不再出什么意外，妈妈一定带你去迪士尼玩，好不好？"猪猪一点儿都不兴奋，不屑一顾地说："谁知道到时候会不会出一些意外的情况呢，反正你总是有理由的！"

很多孩子都渴望有机会去迪士尼玩，猪猪当然也是如此。那么，当他得知妈妈要带他去迪士尼玩，为何却一点儿都不兴奋呢？这是因为他潜意识里就认为，不管妈妈现在说得多么好听，到时候总有理由不兑现承诺。

　　猪猪为什么不相信妈妈呢？是因为妈妈曾经说好了带他去常州恐龙园玩，但是却因为要出差的原因而没有履行承诺。孩子并不会理解父母的工作性质，也不知道领导安排父母出差，父母就必须去执行，他们只知道父母说话应该算数，一旦他们发现对自己说出的承诺不能兑现，他们下一次就不愿意再相信父母说的话。

　　在家庭生活中，每个父母都是不同的，对于父母角色的理解也不同，所以他们在演绎父母角色的时候会有各种各样的变化。孩子是非常敏感的，他们虽然看起来粗心大意，而且很贪玩，并没有认真细致地观察父母，但实际上，他们对于父母的一言一行都看在眼睛里，并且会形成自己对父母的判断。

　　父母切勿认为孩子无知，尤其是在亲子相处中，否则父母将会得到更多的"教训"。实际上，孩子在呱呱坠地的那一刻开始，就携带着自身独特的性格。

　　孩子的性格有一部分是天然形成的，有一部分是在后天成长的过程中养成的。在后天成长的过程中，孩子正是通过与身边的人相处和互动，才渐渐地形成了自己的性格。其中，爸爸妈妈是孩子最亲密的人，所以爸爸妈妈对孩子的影响是很大的。从心理学的角度来说，父母与孩子始终处在彼此塑造的过程中。也就是说，父母会影响孩子的性格形成，孩子也会影响父母的性格塑造。

　　在家庭生活中，父母对孩子的态度是非常重要的。如果父母能够采取正确的方法对待孩子的各种行为，那么就可以对孩子起到引导和帮助的作用。反之，如果父母不知道如何对待孩子，甚至在孩子情绪爆发的时候，父母的情绪比孩子更加冲动，那么父母就无法成为孩子的指引者，更不可能帮助孩子。有一点父母必须要注意，那就是在家庭生活中，孩子会本能地感受到父母的真实想法，这也是为何很多孩子不愿意相信父母的原因。孩子对于父母做出的行为会有他们自己的判断，所以父母在对孩子做出承诺后，尽量不要因为各种原因而对孩子食言，否则一旦失去了孩子的信任，再想在孩子面前树立权威，得到孩子的信任，会变得非常难。

对孩子信守承诺，表现在生活里的各项小事中。例如父母承诺了孩子一件小小的事情，就不要因为无关的事情而取消，而是必须努力去兑现这个承诺，只有这样父母才能在孩子面前树立起权威，才能得到孩子的信任。在古代，曾子因为妻子随口哄着孩子说要杀猪吃肉，就提前宰杀了全家人准备过年的唯一的一头猪。因为曾子很清楚，培养孩子诚信的品质，比这头猪更加重要。

人的想法是会变的。也许父母在对孩子做出承诺的时候，的确是真心想要兑现承诺，但是由于一些客观原因，父母的想法发生了改变，父母很有可能不愿意再对孩子兑现那个承诺。所以，父母要在对孩子给出承诺的时候做到非常谨慎，不仅要考虑到自己当时的想法，也要考虑到未来可能发生的变化，是否会影响到承诺的兑现。

在全民陷入教育焦虑的现实面前，每一个父母对孩子的学习空前紧张起来。特别是在孩子升入初中、高中阶段以后，有的父母直接要求孩子必须考到多少分，或者在班级里处于多少名之前，而有的父母则相对委婉，他们会告诉孩子要努力学习，只要尽力了，不管考多少分都没关系。在现实生活中，真正能够做到坦然面对孩子成绩的父母少之又少，大多数父母尽管表现得非常冷静，但一旦看到孩子拿着一张不那么理想的成绩单回到家里，他们就会如同炮仗被点着了一样迅速爆炸。对于孩子而言，这也是父母失言失信的一种表现。所以父母不要觉得只要兑现了对孩子正式的承诺，就是遵守了承诺。除了那些正式的承诺之外，孩子会记得父母所说的每一句话，所以父母应该努力做到自己说过的每一句话，这样才能在孩子面前树立诚实守信的权威形象。

你的要求真的公平吗

大概晚上九点钟，妈妈接到了客户打来的电话，需要出门去见客户。因为这段时间爸爸出差去了，所以妈妈感到很为难，留下丹丹自己在家里，她很担心。但是丹丹次日还要上学，如果睡得太晚，会起不来床，造成上学迟到，所以妈妈也没法带着丹丹出门。在和丹丹进行了沟通之后，丹丹向妈妈保证："我可以自己留在家里，我半个小时之后就会睡觉，然后我会乖乖地一直睡到明天早晨。明天早上，你就回来了，对不对？"妈妈点点头说："当然，我今天晚上就会回来。跟客户沟通完重要的事情之后，我马上就会回家。你真的可以独自留在家里吗？你真的能够保证半个小时后就睡觉吗？"丹丹毫不迟疑地向妈妈点头，并再三保证，妈妈这才忐忑地离开了家。

见到客户之后，妈妈以最快的速度为客户梳理了产品信息，并为客户做出了最优方案，等到工作结束，时间已经过去两个多小时。妈妈火速地打了出租车往家赶去。当妈妈11点钟到家的时候，发现丹丹还坐在电视机前看电视。妈妈生气地质问丹丹："现在几点了？你怎么还在看电视呢？

我走的时候，你是怎么跟我保证的？"丹丹看着妈妈怒气冲天的样子，有些不知所措，对妈妈说："对不起妈妈，我不知道时间已经过去这么久了。我现在就去睡觉。"妈妈却不依不饶，生气地训斥丹丹："你怎么可能不知道时间已经过去这么久，半个小时和两个半小时能是一个概念吗？"妈妈狠狠地骂了丹丹一顿，丹丹哭着洗漱之后，就上床睡觉了，睡着之后她还委屈得直哽咽呢！

在这个事例中，如果用成人的思维来考虑，一个人怎么可能分不清楚半个小时或两个半小时的区别呢？因为半个小时与两个半小时之间相差两个小时，这可是一段漫长的时间，就算是没有时间观念的人，也不会把这两个小时忽略掉吧！正是因为如此，妈妈才觉得丹丹是在故意钻空子，趁着妈妈出去工作的时候在家里看电视，而且还撒谎说自己没有注意到时间的流逝。但是从孩子的角度来说，孩子的时间观念确实是比较差的，他们对于时间的流逝并没有明显的感知，尤其是在做自己喜欢的事情时，他们更是会沉浸在其中，从而感受不到时间的流逝。在这种情况下，孩子往往无法准确地掌握时间。

妈妈忽略了一件事情，那就是丹丹只有 7 岁，她虽然答应妈妈半个小时之后睡觉，但是她正在看自己最喜欢的电视节目，沉浸其中，就更加感受不到时间的流逝。作为成人，要求一个 7 岁的孩子管理好自己的时间，显然是不合理的。正确的做法是，妈妈可以在离开家大概半个小时之后给丹丹打一个电话，提醒丹丹半个小时已经到了，让丹丹去睡觉，这样就不会出现后面的问题。不得不说，之所以出现这样的情况，也是因为妈妈的疏忽。

孩子在成长的过程中总遇到各种各样的问题，如果父母要求孩子面面俱到，把每件事情都做得特别好，对孩子提出过高的要求，那么就会因为孩子表现得不尽如人意而苛责孩子，给孩子造成巨大的压力。父母要能够以轻松的态度来面对，那么就可以把这些不愉快给化解掉，不会因此激发亲子矛盾。

以妈妈和丹丹之间的约定为例，等到妈妈回到家里，看到丹丹还在看电视的时候，可以提醒丹丹，现在时间已经过去了多久，相信丹丹会给妈妈一个合理的解释。事例中，妈妈那么生气，狠狠地批评丹丹，除了让丹丹哭泣着去睡觉之外，并不能弥补丹丹失去的两个小时睡眠时间。既然如此，还不如以轻松幽默的语气告诉丹丹，下次可不要丢了时间，这样既可以让丹丹建立时间意识，又能给丹丹长一些教训呢！所以妈妈即使对孩子做出的行为不满意，也不要严厉地训斥孩子，否则会让事情变得更加糟糕，还会激化亲子矛盾，让亲子关系变得特别的棘手。

不管是在学校教育中，还是在家庭教育中，都要以年龄适当性来作为有效教育的基石。所谓年龄适当性，指的是对孩子提出的要求要符合孩子的年龄特点，而不要以成人的标准去要求孩子，因为后者超出了孩子的承受能力，是孩子根本不可能做到的。

也有一些父母会提前把很多事情都计划好，认为所有的事情都会按照他们的计划按部就班地进行。常言道，计划没有变化快。父母也应该做好心理准备，迎接突发状况。很多事情虽然计划得很好，但是事情未必会按照计划的那样去发展，父母只有提前做好心理准备，当意外发生的时候，才能从容地应对。尤其是在有孩子的家庭里，在规划各种事情的时候，更是要考虑到一些突发因素。例如，父母想带着孩子出去旅游，那么孩子很有可能不适应坐飞机，在飞机上会不停地哭闹。在这种情况下，只能改签机票或者退掉机票，改乘其他的交通工具。

考虑到年龄适应性，父母必须承担起更多的责任，而不要过度地苛责孩子。这是因为很多事情都是父母安排的，孩子并不清楚自身的局限在哪里，也不知道应该如何应对很多事情。只有在孩子具备一定能力的情况下，父母才能与孩子之间形成更好的合作关系，前提是孩子要具备一定的承担责任的能力，也愿意为自己的行为承担责任。作为父母，要有耐心等待孩子成长，而不要认为孩子已经升入初中或高中阶段，就有能力去承担各种责任，这是不可能的。每个孩子的成长都是一个漫长的过程，都要遵循循序渐进的原则，作为父母要以包容的心态对孩子开展教育，而不是严格苛刻地要求或者责罚孩子，更不要让孩子生活在紧张焦虑的氛围之中。

当父母对孩子提出要求的时候，如果总是能够考虑到年龄适当性，那么这对于孩子而言就是一种幸运，也会给孩子的成长带来惊喜。如果孩子是幼儿，那么父母考虑到年龄适当性时，就能够更加照顾到孩子的身心发展特点，也能够考虑到孩子的能力限制，从而给予孩子更周到的对待。如果孩子是一个青春期的孩子，那么父母要更多地考虑到孩子的叛逆心理，从而在被孩子顶撞的时候，能够以更加平和的心态去面对。总而言之，在人生的各个阶段中，人的身心发展会处于不同的变化状态，也会有不同的特点，尤其是孩子，因为处于快速成长阶段，变化就更加频繁和明显。父母一定不要忽略这个因素，而盲目地要求孩子。只有结合孩子所处的身心发展阶段呈现出来的具体特点，只有结合孩子成长的鲜明规律和特性，父母才能在与孩子相处的时候减少矛盾，减少冲突，从而使亲子关系和家庭氛围都更加和谐。

孩子为何对你越来越疏远

最近这段时间，妈妈觉得自己被乐乐"抛弃"了。自从上了初二之后，乐乐一改此前有什么事情都告诉妈妈的习惯，而是采取了缄默的态度，回到家就往房间里一钻，关上房门写作业，或者戴着耳机听音乐，看课外书。总而言之，除了吃饭的时候不得不和爸爸妈妈坐在餐桌上面对面之外，其余的时间里他恨不得把自己藏起来。

妈妈感受到乐乐对自己的疏远，她可不想让乐乐在这样的状态中度过青春期。有一天，妈妈主动对乐乐说："你已经很久没有跟我聊天了，你是不是应该跟我聊些什么呢？"乐乐有些疑惑地看着妈妈，说："聊什么呢？"妈妈说："当然什么都可以聊呀。以前，你总是告诉我在学校里一天发生了什么事情，告诉我你的哪个同学非常有趣，哪个同学有些无厘头。这些都是可以聊的内容，难道上了初中之后，你的同学都变得毫无特色吗？"乐乐听出妈妈话中的不满，他有些不好意思地说："你也不认识我的同学，我觉得跟你说同学的事情没什么意义。"妈妈当即表示否定："不，我当然觉得很有意义，而且我很乐意听你讲你的同学。在倾听的过程中，我可以了解你的学习生活。"乐乐毫不客气地说："但是，我并不想和你说我的同学，因为我说的话你从来听不懂。有时候我告诉你的事情，你也记不住，我又何必白费唇舌呢？"妈妈有些生气地说："原来，你是不屑于跟我聊天啊。那么你有话都跟谁说呢？你什么都不说的话，会不会觉得憋闷呢？"乐乐对妈妈翻起了一个白眼，说："我已经长大了，不会像小时候那样有什么事情都跟你说。"妈妈带着怀念的表情说："但是我很怀念你小时候的样子，你有什么事情都会告诉我，这让我觉得很心安。你现在的状态让我觉得就像面对一个陌生人，这种感觉简直太奇怪了！"

大多数孩子在升入初中、高中以后，父母会觉得孩子与自己渐行渐远。也有很多父母认为孩子变得不可理喻，与此同时，孩子也认为与父母无法沟通。随着误解的逐渐加深，父母与孩子的关系就越来越疏远，再也回不到孩子小时候亲密无间的状态了。

对于父母来说，没有什么事情比被十几岁的孩子激怒更加糟糕的，尤其是这个孩子是自己辛辛苦苦养大的。他们对父母的各种不满和不屑，让父母感到抓狂和崩溃。那么，这些在孩子青春期出现的各种亲子矛盾或者是亲子冲突，到底是什么原因而引起的呢？很多父母觉得这是因为孩子的性情变得怪异引起的。实际上这只是看到了青春期亲子关系的表面而已。从本质上来说，一方面父母仍然像孩子小时候一样严格管控孩子，与此同时，他们又鼓励孩子更加独立，具备自理能力，父母要控制，而孩子要自由，这就不可避免地产生了矛盾。另外一方面，青春期的孩子渴望得到父母的尊重，也希望父母能够平等地对待他们。但是，真正能够发自内心地尊重和平等对待孩子的父母，却少之又少。更多的父母只想保证孩子的安全，为此他们密切监视孩子的情况。显而易见，父母的这种做法让青春期的孩子非常反感。由此一来，父母与孩子的关系就陷入了恶性循环之中。一方面，父母想与孩子亲近，想和孩子保持顺畅的沟通；另一方面，父母又会以控制的手段对待孩子，让孩子恨不得快速逃离父母，这使得父母和孩子都陷入了青春期亲子关系的矛盾旋涡之中，不能脱身。

对于那些从孩子很小的时候就已经习惯了控制和支配孩子的父母而言，当孩子进入初中、高中阶段之后，也意味着父母进入了一个"难熬"的阶段。这是因为这个阶段的孩子不再像小时候那样对父母言听计从，孩子日益突显的独立和主见，使父母觉得他们的权威受到了挑战，让他们感到非常沮丧，甚至开始怀疑自己。为了让孩子能够继续对自己言听计从，有的父母会采取严厉的措施惩罚孩子，却不知道这么做只会让孩子更加疏远父母。对于孩子来说，他们并不会因为惩罚而对父母臣服，反而会因为惩罚而更加叛逆。

明智的父母会采取有效的方式与孩子沟通，他们会在尊重孩子的基础上倾听孩子的心声，也会在平等对待孩子的基础上，与孩子进行充满趣味的互动。父母知道孩子正在不断成长，他们各方面的能力都得到了提升，所以他们不会再把孩子看成小小的婴儿，而是会把孩子看成一个独立的人。

有些父母在和孩子的沟通中，还会与孩子出现沟通脱节的情况。由于青春期孩子接触的信息渠道很多，尤其是网络的普及，让他们掌握了很多网络用语，父母如果不经常上网，或者对网络用语不熟悉，往往会在与孩子沟通的时候听不懂孩子所说的话，这会让孩子更不屑于与父母沟通。为了拉近与孩子之间的距离，保持与孩子的顺畅沟通，父母可以适度学习一些网络语言，了解网络上发生的一些新鲜事情，这样才能与孩子有共同话题，也才能与孩子进行良好的互动。

父母一定要密切关注与孩子的沟通是否有效。当发现自己与孩子陷入沟通的恶性循环和不良的互动之中时，就意味着父母对孩子采取的教育方式是没有效果的。父母要常常提醒自己，从而避免陷入这种恶性循环之中。然而，很多父母都因为顾及面子，或者是为了维持所谓的父母权威，拒绝承认自己的做法是错误的。每当亲子教育出现问题的时候，他们都觉得是孩子不能理解父母的意思，他们从不真正反省自身的错误，而把责任都推到孩子身上。在一切家庭教育中，父母都占据着主导地位，直到孩子长大成人。在这样的情况下，父母不仅要有所担当，也要能够勇敢地承担起教育的责任，尤其是在家庭教育出现偏差或者是进入误区的时候，父母更是要积极地反省，这对于减少亲子冲突是大有裨益的。

孩子为何具有攻击性

才上初中没几天，妈妈就接到老师的电话。原来子莫在学校里总是和同学发生矛盾，还和同学动起手来。这一次他居然把同学的脸都打破了。听到老师的讲述，妈妈第一时间赶到学校，向受伤的同学及其父母道歉，并且对老师表示了歉意。老师询问妈妈子莫在家里时是不是也很喜欢攻击他人，妈妈沉思片刻，摇摇头说："在家里，他只有挨打的份儿。他爸爸脾气比较暴躁，每当发现他犯错误的时候，爸爸就会打他。"老师恍然大悟，说："原来如此。其实孩子不会因为性格暴躁就攻击他人，也有可能是因为自己经常被打，所以才会有暴力倾向。希望你们能够改变对待孩子的方式，要更加平和地教育孩子，否则会对孩子起到误导的作用。"

妈妈对老师说的话不太理解，她很疑惑地问老师："孩子经常挨打应该畏手畏脚才对，为何还会有攻击性呢？"老师说："孩子如果长期被压抑，而且总是被父母打，那么，他的心理就会扭曲。只有在民主和谐的家庭氛围中，孩子的身心才能健康，所以父母一定要选择以正确的方式对待孩子，而不要动辄就打骂孩子，否则不但会使孩子畏缩胆怯，或者对他人施暴，而且还会让孩子不知道如何面对自己的成长。"

听了老师的一番解释，妈妈这才意识到是爸爸的教育方式出了问题。回到家里之后，妈妈把老师的话复述给爸爸听。爸爸一开始对此不以为然，后来越听越觉得有道理，他不由得羞愧起来，说："以后我一定要管好自己的手，不再打骂子莫。"在爸爸妈妈的共同努力下，家里的氛围越来越和谐，爸爸很少再对子莫动武，子莫也渐渐地收敛了暴力倾向，能够友好地和同学交往了。

孩子具有攻击性的原因是多种多样的。在上述事例中，子莫之所以具有攻击性，就是因为他经常被爸爸打骂。老师说的很对，如果父母充满暴力倾向，那么就会给孩子带来不好的影响。只有在民主和谐的家庭中，孩子才能身心健康、快快乐乐地成长。父母要想避免孩子出现攻击性，就要为孩子营造幸福和谐的家庭氛围，而不要动辄就严厉地批评孩子，甚至打骂孩子。

古人云："人之初，性本善"。每一个新生命在呱呱坠地的时候都如同一张白纸那样地纯洁无暇，他们会带着新奇的眼光观察这个世界。但是随着不断的成长，孩子的心态发生了变化，有些孩子从心地纯净的小婴儿变成了心理扭曲充满邪恶的恶霸，有一些孩子甚至还会做出很多罪行，这是为什么呢？就是因为他们的家庭教育出现了问题。

曾经人们以为孩子之所以成为一个恶霸，是因为没有得到父母严格的管教，所以他们才会如同脱缰的野马一样做出很多出格的举动。实际上，孩子之所以会出现行为过界的情况，并不一定是因为他们没有得到严格的管教和约束。而是因为父母没有满足他们的情感需求。在这样的情况下，如果父母继续对孩子使用严格的管教政策，就会导致孩子对自己越来越不满，那么孩子的情感需求就更加不能得到满足，这使得父母与孩子之间的关系陷入了恶性循环之中。

要改变这种状态父母一定要和孩子更加密切地沟通和互动，这样孩子的心中才会充满爱。父母要坚持用爱来浇灌孩子的心灵，因为如果孩子心中缺乏爱，就会变得麻木不仁，会觉得自己的存在毫无意义和价值，那么他们就会因为内心空虚而患上各种各样的心理疾病。有的人在病态心理的驱使下，会把内心的愤怒全部都投射到别人身上，他们仇恨身边的人，仇恨整个社会，仇恨全世界。也有的人会对自己产生错误的认知，自暴自弃，放弃对生活的希望。

孩子只有先成人才能成才。因此父母在教育孩子的时候，切勿本末倒置。要相信，只要用爱浇灌孩子的心灵，只要让孩子内心充满善良，那么，孩子就能够在面对很多事情的时候做出正确的决断。

当然，那些有攻击性的孩子，其本身也是有心理问题的，所以父母不仅仅要约束他们的行为，更要关注他们的心理健康问题。他们在心理上更需要父母的关心和帮助。所以，父母不要一味地指责和训斥他们，而是要给予他们温暖，帮助他们树立对生活的自信，这样孩子们才能积极地改变自己的行为。从另一个角度来说，如果自己家的孩子被其他孩子攻击，那么父母要引起足够的重视。如今校园霸凌现象非常严重，很多孩子在初中或高中的学校生活中都有过遭受同学欺凌的经历，回到家里却不敢告诉父母，这使他们的内心非常压抑，学习生活也被乌云遮蔽。父母要密切观察孩子，当发现孩子有异常的行为表现时，要及时了解这种异常出现的原因。孩子的成长是一个漫长的过程，在此过程中，孩子会遇到各种各样的问题，父母要始终陪伴在孩子的身边，运用自己的智慧和力量和孩子一起面对和解决这些问题。

棍棒，真的能教育出孝子吗

昨天放学，妈妈在若然的书包里发现了一封信。这封信是一个男生写给若然的，信中所说的话情意绵绵，非常肉麻。妈妈看到这封信，当即火冒三丈地质问若然："你是不是在早恋？"若然向妈妈解释："这是一个男生塞给我的，我还没有来得及看呢！我也不知道信上写的是什么内容。"但是，妈妈根本不听若然的解释，她拿起鸡毛掸子，就对着若然狠狠地挥甩过去。若然平日里是家里的"娇娇女"，压根没想到妈妈会因此而发这么大的火，居然对她动起手来。她急忙躲闪，但是妈妈的鸡毛掸子还是落在她的身上，抽得她浑身都火烧火燎的疼。若然伤心地哭了起来，索性不再躲避，任由妈妈打她。妈妈一边打她，一边数落："我和你爸爸这么辛苦地努力挣钱供养你，我们竭尽全力给你提供最好的条件，你就是这样回报我们的吗？难怪你这次考试成绩下滑了呢，就是因为你在早恋！我告诉你，这次只是一个警告，如果下一次我发现你还和男同学不清不楚，我就会更严厉地惩罚你，我就要去学校找你们的老师，让老师来处理这件事情！我还会去找那个男同学的家长，非要让他们做出保证不行！"听了妈妈的话，若然的眼神中满是惊恐。

妈妈原本以为若然得到了这次教训会悬崖勒马，却没想到第一次收到情书的若然却因为这次被妈妈狠狠地打了一顿而变得叛逆起来。她索性跟那个同学光明正大地谈起了恋爱。还对妈妈说："你想怎么样就怎么样吧，反正我们不在乎！"听到若然的话，妈妈气得七窍生烟，她不知道接下来自己应该怎么办。

青春期的孩子情窦初开，与异性同学之间互生情愫是正常的事情，但是若然妈妈的反应太过激烈。她没有听若然解释，就采取了打骂若然的方式，这反而激发起了若然的逆反心理，使若然干脆光明正大地和男同学谈起了恋爱。接下来，如果妈妈不能反思自己的教育方式，做出更为过激的行为，那么有可能会让若然陷入冲动之中，做出让妈妈无法承受的事情。作为父母，在发现孩子出现状况的时候，一定要保持冷静和理智，而不要认为棍棒就是全能的。只有在冷静理智的状态下，父母才能与孩子更好地沟通，也才能知道孩子到底在哪里出了问题，又要如何帮助孩子解决问题。

孩子在成长过程中出现的一切问题，最终都可以在家庭生活中找到原因，最重要的是父母要有反思的意识。很多父母在看到孩子有问题的时候，把自己当成一个旁观者，对孩子冷嘲热讽，或者孩子犯了错误，父母还会因为觉得孩子丢了自己的脸，而对孩子百般指责和嘲笑。当看到父母这样的态度，孩子如何能够信任父母？又如何会愿意求助于父母？当父母把孩子逼得走上更为决绝的道路，那么亲子关系也就再没有机会去改善和挽回了。

　　心理学家经过研究后发现，那些邪恶的犯罪者，或者是心理严重扭曲变态的犯罪者，他们在童年时期都有过非常悲惨的经历。这里所谓的悲惨并不是说他们经历过战争或者是其他一些残忍的事情，而是在家庭教育中他们没有得到爱的满足，他们的情感上有欠缺，这与父母坚信"棍棒底下出孝子"的错误教育理念是密切相关的。因为受到传统思想的影响，很多父母都坚信，只有对孩子严加管教，在必要的时候严厉体罚孩子，才能让孩子对父母更加顺从，也才能让孩子在各方面表现得更好。这样的观念完全是错误的。孩子是一个独立的人，而不是父母的附属品，更不是家里养的一个宠物。很多父母为了在孩子面前树立权威，也为了让孩子遵守他们制定的家庭规矩，所以会采取体罚的方式来控制孩子。从心理学的角度进行分析，只靠着外部的纪律或者是规矩来约束孩子，根本不能让孩子心甘情愿地去遵守这些规则和纪律。只有激发出孩子的内部驱动力，增强孩子的自我管控力，孩子才会自觉主动地做出更好的表现。

　　当父母迷信体罚的作用时，不如扪心自问：如果体罚是能让孩子知理守矩、积极上进，那么，世界上为何还有那么多人会相互杀戮，做出令人发指的罪行呢？不要认为孩子的行为是在无理取闹，而是要相信在孩子每个行为的背后都是有心理原因的，这样才能找到孩子行为背后的意义，也才能与孩子进行更好的互动和沟通。有些孩子虽然做出了那些让父母无法忍受的行为，这并不意味着他们的内心是非常邪恶的，而恰恰说明他们的内心是非常脆弱的，他们渴望得到帮助，也希望能够引起父母的关注。另外，无论孩子犯了怎样的错误，父母切勿轻易放弃孩子，把孩子推到家门之外，这只会让孩子得不到有效的帮助，从而在人生的歧途上越走越远。

如今，有一些初中或高中的孩子因为经常使用网络，出现了网络成瘾的现象。父母们采取各种方式对他们进行管教，其中体罚就是一种方式。但事实证明，这个方式并不能将孩子驯服，这些无奈的父母就把孩子送到了戒网瘾学校。网络上有新闻报道，有极少数孩子在被送到戒网瘾学校之后，短短的时间内就失去了宝贵的生命，他们身上会有各种淤伤，不得不说，这些孩子的死亡是由父母一手造成的。如果连父母都不能把孩子从网瘾的道路上呼唤回来，那么又为何要寄希望于一个陌生的机构呢？父母在把孩子送到这个陌生的机构时，渴望着这个机构能在短时间内让孩子脱胎换骨时，就已经在孩子心里种下了"被父母抛弃和放弃"的种子，这是对孩子不负责任的做法。即使孩子能够侥幸平安地离开这些机构，他们心中也一定对父母充满了恨。

每一个父母要对孩子付出爱，要给予孩子更多的理解和信任，要发自内心地尊重孩子，真正做到平等对待孩子，再也不要相信"棍棒底下出孝子"这样的谬论。因为只有爱才能滋养爱，恨只会激发恨。要想成为好父母，我们就要以爱来滋养孩子的人生，让孩子的心中充满爱和感恩，充满希望。

后 记

    家是每个人都向往的地方。有人说家是温馨的港湾,有人说家是永远的避风港,有人说家是我们最坚强的后盾,也有人说家是烦恼的源泉。这些说法各有道理。因为在家里,家人亲密无间地相处,这使得家人之间更容易产生矛盾和冲突。在家庭之中,父母和孩子之间的关系又显得更为特殊,如果说伴侣之间的关系是更平等的,能够做到互相尊重,那么,父母在辛辛苦苦地抚养孩子直到他们成功地升入小学、中学,甚至大学毕业,拥有了自己的工作和生活,但他们还是会误以为自己是可以控制孩子的,是能够为孩子决定所有事情的,却不知道孩子在成长的过程中会变得越来越独立、越来越强大,已经不再需要父母无微不至的照顾。他们最大的愿望是有朝一日能够离开父母的身边,飞向属于自己的理想天空。在这样的情况下,父母与孩子之间的矛盾会越来越尖锐,冲突也频繁地发生,使得亲子关系从之前的母慈子孝、其乐融融,变成现在的剑拔弩张,充满了火药味儿。

    在孩子没有成年之前,父母在亲子关系中占据主导地位,那么当亲子关系出现各种矛盾和冲突的时候,父母也要起到主要的作用来解决这些难题。这就要求父母不能始终坚持自己陈旧的教育观念，也不能始终沿袭那些迂腐的教条，而是要与孩子之间形成更好的互动和沟通，以开放的态度接纳和包容孩子。

每个孩子在成长中，都渴望能够与父母形成一种理想的关系。这种理想的关系是以尊重为基础，以平等对待为原则，最好能够像朋友之间的友谊一样亲密无间，又保持着适度的距离。这对父母来说是很难的。因为有太多的父母已经习惯了成为孩子的主宰，他们甚至在孩子成长之后也不愿意放手，这使得孩子更加抗拒父母，想要为自己赢得自由。

正如意大利著名的教育家蒙台梭利所说的，爱和自由是父母给予孩子的最好礼物。在孩子成长的过程中，父母一定要摆正自己的位置，端正自己的心态，这样才能在孩子的生命中以最好的形象出现，也才能与孩子保持适度的距离。台湾作家龙应台说："所谓父子一场，就是看着子女的背影渐行渐远。"虽然说这样的情景让人有些伤感，但是这样的姿态恰恰是父母该有的姿态，站在原地，目送着孩子远离—小学、中学、大学……那么从现在开始，就让我们学会从孩子的生命中抽离，给予孩子更多无条件的爱，也给予孩子更辽阔的天空，让孩子充分地享受自由，就像放风筝那样，让孩子飞到高高的天空中，在必要的时候，甚至可以抛开手中的线，让孩子飞到他想去的任何地方。因为任何时候，爱和自由都是可以缓解冲突、消除亲子矛盾的灵丹妙药。